中国社会科学院城市经济学重点学科建设资助

SMART CIT

李春华　刘治彦／主编

丛晓男／副主编

智慧城市论坛

COLLECTED PAPERS OF SMART CITY FORUM

No.3

社会科学文献出版社

SOCIAL SCIENCES ACADEMIC PRESS (CHINA)

目　录

开幕辞　………………………………………… 李春华 / 1

在 2015 智慧城市论坛上的致辞　…………………… 胡晓海 / 4

智慧城市建设进展与策略　………………………… 刘治彦 / 9

打造长江中游智慧城市群　………………………… 秦尊文 / 23

大数据与城市智慧　………………………………… 倪　明 / 37

聚焦四大关键问题，促进智慧城市健康发展　…… 楚天骄 / 46

“十三五”时期及 2030 年中国发展情景分析　…… 李雪松 / 63

大数据：智慧城市建设的核心动力　……………… 姜　玮 / 75

互联网＋招商引资

　　——打造智慧招商引智云空间　……………… 王智邦 / 91

互联网金融发展的前景、机遇与应对

　　……………………………………… 宗　良　肖　睿 / 112

江西智慧城市发展的路径探讨　…………………… 孙育平 / 126

智慧城市

——当代中国新型城市建设的主题之一 …… 李　迅／142

智慧城市的江西实践与探索 ……………… 麻智辉／162

智慧，让城市更美好

——在 2015 年智慧城市论坛上的发言 …… 孙　毅／176

智慧的城市　时代的创业 ………………… 晏鸣壹／184

轻装信息化与"互联网＋"的本质属性 …… 李广乾／190

五大发展理念引导我国智慧城市建设 ……… 丛晓男／197

引领智慧城市话语权，打造未来城市新形态

——"2015 智慧城市论坛"会议综述

………………………… 丛晓男　刘治彦／208

中国社会科学院城市信息集成与动态模拟实验室简介

……………………………………… ／218

后　记 ……………………………………… ／224

开幕辞

李春华 [*]

各位领导、嘉宾，女士们、先生们：

大家上午好！

今天我们来到了美丽的青云谱区，共同探讨智慧城市发展的未来，我代表中国社会科学院城市发展与环境研究所，向来自各领域的领导、专家学者、同志们表示热烈的欢迎！向主办这次会议的江西省社会科学院，以及承办此次会议的青云谱区区委、区政府致以诚挚的谢意！

中国社会科学院副院长蔡昉同志原定参加本次论坛，但由于临时有重要的公务未能出席，特地委托我转达他的遗憾和歉意，并对论坛的召开表示热烈的祝贺！

---

* 李春华，1963年生，湖北孝感人，中国社会科学院城市发展与环境研究所党委书记，研究员，中国城市经济学会常务副会长。

智慧城市既是当代城市发展的新模式，也是推动中国城市转型的重要动力。在过去 30 多年的时间里，中国的城市获得了飞速的发展，从 1978 年到 2014 年，中国城镇化率由 17.9% 上升到 54.8%。截至 2014 年底，中国共有建制城市 653 个，其中直辖市 4 个，地级市 288 个，县级市 361 个。与快速发展相对应的是中国城市的传统发展模式的痼疾：城市空间的低效率利用，资源压力日益增加，人居环境亟待改善，交通拥堵日益严重，这些均影响了城市的运行效率。

当前，促进经济社会协调发展，走资源节约型、环境友好型发展道路，推动城市转型发展已成为共识。智慧城市是继数字化城市和智能城市后城市信息化的高级形态，是信息化、工业化和城镇化深度融合的产物。智慧城市是综合运用物联网、云计算、大数据、空间地理信息等技术集成的新一代城市模型，有助于推动城市的规划、管理和服务的智能化，加快整个城市的转型与升级。

国家高度重视智慧城市建设。2012 年 12 月 5 日，国家发布了《关于开展国家智慧城市试点工作的通知》，并印发了《国家智慧城市试点暂行管理办法》和《国家智慧城市试点指标体系》。迄今，中国公布了三批共 290 个智慧城市的试点单位，智慧市的建设加快了中国城市的转型，在推动产业升级、发展绿色交通、改善人居环境以及提升城市综合承载能力等方面发挥了极其重要的作用。当然，在中国城市建设的过程中，还存在一系列负面问题，重模仿轻应用，重建设轻运营，信息资源的综合利用效率亟待提高，这些问题的存在严重制约了智慧城市建设水平的提升。因此，加强智慧城市的理论研究，着力破解智慧城市建设的现实困境，成为当前城市科学研究面临的一个重大问题。

本届智慧城市论坛由中国社会科学院城市发展和环境研究所与江西省社会科学院联合举办，是一次高水平、高规格的学术会议，期待与会学者呈现精彩的思想，让知识的盛宴来得更丰富一些、更精彩一些，指点智慧城市建设的未来，彰显理论工作者的担当和责任。智慧让城市更美好、城市让生活更美好，祝愿大家在青云谱度过美好和难忘的一天，祝论坛取得圆满成功！谢谢！

在 2015 智慧城市论坛上的致辞

胡晓海[*]

尊敬的中国社会科学院城市发展与环境研究所李春华书记：

尊敬的中国社会科学院数量经济与技术经济研究所李平所长：

尊敬的江西省社会科学院姜玮书记、梁勇院长：

尊敬的各位领导，专家、学者，来宾们：

大家上午好！

"物华天宝，龙光射牛斗之墟；人杰地灵，徐孺下陈蕃之榻。"在座的各位专家、学者都是各个领域和学科的翘楚和精英，是当代的"徐孺子"，大家的到来，让青云谱"蓬荜生辉"。首先，我谨代表中共青云谱区委、青云谱区人民政府，向出席今天论坛的各位领导以及各位专家、学者表示诚挚的欢迎！向关心支持青云谱发展的各界朋友表示衷心的感谢！

---

* 胡晓海，1966 年出生，江西安义人，时任南昌市青云谱区委书记。

此次论坛的主题是"打造未来城市新形态"，青云谱区作为省会城区，既有老城区的特征，也有新城开发的空间；既有城郊的特点，也有中心城区的区位；既有雄厚的产业基础，也面临经济增长动力升级换挡的挑战，青云谱区对于研究未来城市发展具有重要的"样本"意义。这里，我想用"五种形态"向大家简要地介绍一下青云谱。

其一，青云谱的这种形态是一种气质，叫"钟灵毓（玉）秀"。青云谱位于省会南昌的南部，面积43.17平方千米，常住人口约32万，素有"城南胜地、人世蓬岛"的美誉。"城南"是一个有故事的地方，也是一个有着丰富的市井生活和人文气息的地方。青云谱因有"青云谱道院"而得名，至今已有近1700年的历史。西汉末年南昌县尉——梅福隐居于青云谱，是中国画坛一代宗师，明代皇室后裔朱耷（号八大山人）在青云谱潜心书画，300年来饮誉画坛。1985年，八大山人被联合国教科文组织命名为中国古代十大文化名人之一。出生于江西上饶的中国近代文学史上的著名作家——张恨水，曾经在有着"南昌第一老街"之称的"十字街"旁的甲种农业学校就读（现在十字街已经引进北京王府井百货，正在建设南昌市体量最大的城市综合体，相信在不久的将来，十字街将再现"南昌第一老街"的繁华）。一直以来，青云谱以一种独特的人文气质，吸引着南来北往的文人墨客流连忘返，当代著名学者余秋雨先生对青云谱赞美有加，国学大师、著名书画家范曾先生对八大山人更是推崇备至。

其二，青云谱的这种形态是一段记忆，叫"激情燃烧"。早在西汉，大将灌婴在青云谱筑城，灌婴城是南昌有历史记载以来最早的城池；晋代道教"净明派"创始人许逊在青云谱治水；有"东方马可·波罗"之称的元代航海家汪大渊在 14 世纪 30 年代就曾游历世界各国（汪大渊是青云谱区汪家垅人），比郑和下西洋早了半个多世纪。二战后，代表中国在远东国际军事法庭审判日本战犯的大法官——梅汝璈（青云谱朱桥梅村人），用自己的睿智和胆识捍卫了国家的尊严和利益，赢得了世界对中国人的赞赏和尊重。中华人民共和国成立后，青云谱是"江西工业的摇篮"，中华人民共和国第一架飞机、第一辆轮式拖拉机、第一辆摩托车和第一枚海防导弹的诞生地都在青云谱。古往今来，青云谱区以自己的方式刻录了时代的记忆，形成了一种强大的精神力量，这种精神也不断地激励着青云谱人砥砺前行。

其三，青云谱的这种形态是一种活力，叫"朝气蓬勃"。青云谱区生态环境优美，区内有"两湖三河"，即象湖、梅湖，抚河、玉带河、护城河，全区水域生态面积近 10 平方千米，绿化覆盖率达到 42%，2009 年青云谱被评为江西省唯一的省级生态城区。区内聚集了德国麦德龙、美国沃尔玛、法国家乐福三家世界 500 强企业，南昌深圳农产品市场的蔬菜、水果在全省和全市的市场占有率分别达70%和90%；阳光乳业的鲜牛奶在全省和全市的市场占有率分别达70%和80%；南昌亚啤在全省和全市的市场占有率分别达80%和90%。2014年，全区财政总收入完成37.36亿元，同比增长19.4%，财政总收入在全省100个县区排名中由第10位上升到第9位，三年前进了3位，经济实力稳居全省第一方阵。预计2015年全区财政总收入和地方收入将分别突破40亿元和10亿元，实现两年再上新台阶的跨越。青云谱区连续三年荣获全省开放型经济发展综合奖，2014年被评为"全省最佳优化民营经济发展县区"，前不久，又被评为"投资江西十大首选地"。

其四，青云谱的这种形态是一种态势，叫"蓄势待发"。当前，青云谱区正在经历由小区向大区、由边缘城区向中心城区、由老工业区向都市产业新区的转变。现在全区区域面积在全市三个老城区中最大，江西省级行政中心搬迁后，青云谱区的区位由过去相对边缘的城区转变成了现在省会的"地理中心"。同时，洪都老工业区作为国家重点支持的全国21个老工业搬迁改造试点城区，近两年，从象湖隧道、九洲高架到洪都大道高架快速，从"大象湖"综合改造提升工程到2016年全省花博会主会场——梅湖景区花博园项目，国家、省、市对青云谱的投入不断加大。特别是，洪都机场的整体搬迁，3平方千米的净地，12平方千米建设限高的取消，近万亩未开发的土地，都给青云谱区带来了巨大的后发优势，洪都机场整体改造建筑体量近 750 万平方米，可吸纳近 10 万人口。"十三五"时期，洪都新城建设将与南昌市九龙湖新城建设等一并作为全市重点推进的新城开发项目。随着区位的改善、政策机遇的叠加和发展空间的释放，未来几年，青云谱区将迎来快速发展的黄金期。

其五，青云谱的这种形态是一种发展，叫"继往开来"。党的十八届五中全会描绘了未来五年国家发展蓝图，明确了全面建成小康社会第一个百年奋斗目标。五中全会指出，实现"十三五"时期发展目标，破解发展难题，厚植发展优势，必须牢固树立创新、协调、绿色、开放、共享的发展理念。青云谱作为一个老工业城区，面临产业结构调整的挑战，推动老工业区发展转型升级，必须把发展的基点放在创新上，放眼未来城市发展的趋势找方向，不断培育新的发展动力。今天，这么多各领域的专家、学者聚集于青云谱，为未来城市发展把脉，我们相信，此次论坛碰撞出的思想火花，将为未来城市的发展提供重要的思想指引，青云谱也将把握"近水楼台"的先机，把论坛碰撞出的智慧运用于青云谱区城市发展的实践，不断加快推进老工业区的转型发展。

最后，预祝此次论坛取得圆满成功！衷心祝愿各位领导和嘉宾身体健康，万事如意！祝各位专家、学者学术研究和事业发展青云万里、谱传天下！

谢谢大家！

智慧城市建设进展与策略

刘治彦*

200 多年来，经济学围绕着资源优化配置这一主题形成了各种理论学派，然而由于供需双方信息不对称，资源错配的"顽疾"始终无法克服。政府与市场调控机制建立，试图解决这个问题，然而实践证明两者皆存在致命缺陷，一个是"一管就死"，另一个是"一放就乱"。两种机制结合，理论上似乎可以优势互补，但现实成功的案例并不多见。全球经济危机周期性出现，产能过剩与供给不足并存，财富分配差距日趋扩大，社会矛盾日益凸显，经济发展导致的生态环境破坏与战略资源枯竭威胁着可持续发展。究其缘由，就在于信息不对称。值得庆幸的是，21 世纪以来随着新一代信息技术发展，特别是物联网技术趋于

* 刘治彦，1967 生，黑龙江省哈尔滨人。中国社会科学院城市发展与环境研究所党委委员，城市信息集成与动态模拟实验室主任，研究员，博士生导师，中国社会科学院研究生院教授。

成熟，以及一系列战略性新兴产业崛起，我们正在迈向智慧文明的新时代。与农业社会与工业社会不同，智慧社会人类主要生产的是智慧产品，人类的体力与脑力将得到极大解放，创新思维与情感成为体现人类价值的主要方面，人类正在迈向"自由"王国的境界。城市是现代人类社会的主要家园，而智慧城市是智慧文明的主要载体，对智慧城市研究具有深远的战略意义。

一 智慧城市内涵与架构

（一）智慧城市内涵

早在世纪之交的 1998 年美国总统戈尔提出"数字地球"的概念，其后关于"数字城市"问题开展了一些研究。十年后，IBM 总裁提出"智慧地球"概念。因为全世界半数以上的人口居住在城市，人类已经进入城市社会，因此人们随即将目光聚焦到"智慧城市"上来。一个以城市为中心，人类居住体系与自然环境交融的智慧城市环境系统成为人们关注的焦点。智慧时代的城市与环境研究，应充分利用大数据与统计数据，着力于城市环境系统的物质、能量循环与信息增殖过程模拟与规律探索，并应用这些规律，设计、建设与运营城市及保护环境，从而实现城市高效发展、生态环境得到保护和资源永续利用的目标。

智慧城市就是在新一代信息技术支持下，城市产业发展、民生改善与城市治理智慧化，是未来的城市形态，是各国竞相发展的领域。

（二）智慧城市架构

1. 网络信息基础设施

网络信息技术是智慧城市的支撑基础。在此基础之上，开发智慧城市各类应用软件，主要包括产业、民生和管理三大领域。网络信息技术作为先导发展领域，其配套程度直接影响到智慧城市建设进程。可喜的是，21 世纪以来，在庞大的市场需求拉动下，网络信息技术迅猛发展，从数据采集、传输、处理、存储、共享到网络信息安全，已经形成整体推进态势，为智慧城市建立健全"神经网络体系"提供了可能。北斗卫星、华为通信、银河型计算机、浪潮云存储、科大讯飞、科大量子通讯等一大批中国自主研发的网络信息技术走向了世界前沿。

2. 智慧民生

智慧城市中与百姓生活消费领域相关的智慧基础设施与公共服务统称为智慧民生。由于智慧民生领域直接贴近大众消费市场，发展也比较快，如智慧购物、智慧交通等发展迅猛。而智慧环保、智慧城市基础设施等领域，由于具有公共物品属性，需要政府财政介入，发展较为缓慢。智慧家居、智慧健康、智慧教育关系每个居民，因此未来市场潜力巨大。

3. 智慧产业

智慧城市中与生产领域相关的统称为智慧产业。包括农业、制造、建筑、商务、物流、旅游、传媒、电网、金融等。智慧农业，是指在农业生产过程中，充分考虑到农业发展条件与农副产品市场需求，实现精准发展；智慧制造，如德国工业 4.0 或《中国制造 2025》等；智慧建筑，主要是绿色智能的第四代建筑。智慧物流、智慧商务、智慧旅游与智慧传媒等均与人流物流信息流有关，通过新一代信息技术可以提高流动效率，实现资源优化配置。智慧电网为解决风光发电等不稳定能源并网问题，以及多种能源和多个地区能源联合使用提供了可能。智慧金融作为未来金融新形态，将对传统金融业务产生革命性影响。随着区块链技术的成熟，新信用体系建立与投资银行业技术变革，金融将永久回归服务实体经济发展的本位，其传统职能将发生革命性变革，将不再是垄断与高额利润的行业，在人工智能的技术支撑下，所需要的人员也将大幅度减少。

4. 智慧治理

智慧城市中与城市治理有关的统称为智慧治理，包括城市规划、政务、监测、决策、社区等方面。智慧规划是落实科学规划的主要路径，主要根据城市发展规律，通过大数据与小数据结合，建立城市发展模拟模型，通过多个情景分析，选取最佳城市发展战略及空间布局设计，实现城市发展的"多规合一"和科学健康发展。智慧政务是电子政务的升级版，包括远程会议系统、政务"一条龙"服务系统等，极大地提高了政府的办事效率，政府公务员也将大量减少。智慧监测和智慧决策是指充分利用 AI（人工智能）技术，实现对城市运行的全过程把握和优化调控。智慧社区是智慧城市缩影，是城市智慧治理的集中展示区，智慧社区建设是智慧城市建设的基础。

对智慧城市各组成构件进行评估，可以掌握智慧城市建设进展程度，及时发现存在的问题，从而有的放矢地加以改善，提高智慧城市建设的效率。

二　智慧城市建设现状与趋势

（一）智慧城市建设现状

1. 智慧城市建设主要进展

21 世纪以来，特别是近十年来，新一代信息技术不断发展，为智慧城市建设奠定了硬件基础。欧美、日韩等国家抢先发展网络信息技术，率先开展智慧城市建设。美国硅谷形成了一大批网络信息技术相关的领军企业，如微软、苹果、谷歌、脸书等。美国的迪比克、日本的柏芝叶，智慧新加坡等成为智慧城市典范。我国高度重视网络信息技术与智慧城市建设，北（京）杭（州）深（圳）等地也涌现了一大批网络信息技术公司，如 BAT（百度、阿里巴巴、腾讯）、华为、中兴、浪潮等。同时，国家颁布了《国家新型城镇化发展规划 2014—2020》，提出了建设绿色、智慧、人文型的新型城镇。在 2015 年底中央经济工作会议期间套开了中央城市工作会议，进一步明确了建设新型城市。由于绿色城市可以通过智慧城市路径来实现，人文城市是人类智慧的结晶，也要通过智慧城市建设来展现，因此新型城镇建设主要是智慧城市建设。经过几年来的智慧城市建设实践，我国一些地区智慧城市建设取得了较大进展，一些试点城市如南京、杭州、银川、贵阳等地已经走在前列。但整体来看，我国智慧城市建设尚处于初级阶段，而且进度参差不齐。

2. 智慧城市建设存在问题

智慧城市建设也存在以下问题。一是把智慧城市建设与城市信息化相等同。不仅仅是百姓对智慧城市认识比较模糊，而且政府、企业与研究机构中的专业人士也将智慧城市建设等同于城市信息化。这对智慧城市顶层设计十分不利。二是把硬件建设与应用软件开发相割裂。各地通常将智慧城市建设等同于建网络、装探头，或者热衷于建云存储和云计算中心。而对硬件支撑下的智慧产业、智慧民生和智慧治理等应用领域软件开发力度不够，导致大量硬件建设资金不能发挥应有效益，直接威胁智慧城市建设的可持续性。三是把数据采集与共享平台搭建相分离。在政府各部门积淀了大量统计数据与近年来形成的大数据，可以支撑智慧城市数据平台建设，但由于部门利益掣肘，各部门都不愿意将各自的数据共享出来，导致城市统一数据平台难以搭建，直接制约着智慧城市建设。四是把技术研发与人文内涵建设相对立。大多数地方与部门认为智慧城市建设是技术领域的事，忽视了人文社会科学的作用，实际上城市的主体是人，智慧城市建设离开了艺术和人文社会科学的内涵，便是弃本逐末。五是把政府调控与市场调节相背离。智慧城市建设初期政府政策引导和顶层设计、规则制定和非市场领域的项目建设十分必要，但后期一些盈利项目可由企业参与建设，采取社会投资等模式，确保智慧城市建设的可持续性。六是把顶层设计与项目建设相脱离。智慧城市建设是一项系统工程，应首先做好顶层设计，然后再分项施工运行。由于智慧城市建设的顶层设计方法、智慧城市项目整合的体制机制尚未取得实质性进展，现有智慧城市建设往往是先实施单项建设，如智慧交通、智慧购物等，但缺少各部门之间的协调整合，出现碎片化倾向，导致智慧城市建设整体效果欠佳。

（二）智慧城市发展趋势

1. 我国智慧城市建设面临的机遇与挑战

展望我国智慧城市建设，机遇与挑战并存。从机遇方面来看，高科技兴起、文化复兴与城镇化结合为智慧城市建设迎来了历史性机遇。新一代网络信息技术的崛起，战略性新兴产业发展，使我们有可能走新型城镇化道路，建设绿色智慧城市，推动绿色智慧建筑和基础设施建设，发展智慧公共服务和智慧产业，实现绿色智慧发展。从挑战方面来看，在智慧城市便捷性与公民信息私密性、人工智能技术应用与社会伦理道德、网络硬件设施与智慧城市人文内涵的有机结合等方面，均面临一系列挑战。

2. 智慧城市建设的四个阶段

智慧城市发展需要经历数字化、网络化、智能化、智慧化四个阶段。"万物皆为数"，首先将城市部件数字化，从而形成虚拟的数字城市，这是智慧城市的开端。其次，把数字化城市部件通过互联网联为一体，进入网络化阶段。再次，在网络化基础上，城市局部部件之间实现智能调控，这一阶段是智能化阶段。最后阶段是智慧化阶段，形成真正意义上的智慧城市。智慧城市具有智慧感知、反应、调控能力,能够实现城市的可持续发展。在现有网络信息技术条件下,智慧城市只能处于数字化、网络化的初级阶段。随着第五代移动通信技术(5G)的应用普及,大容量、低时延的网络传输将变为现实。人类将进入万物互联的物联网时代,也将迈向人工智能(AI)时代,无人驾驶、无人车间、自助超市、自助银行都将进入日常生活,智慧城市建设也将步入智能化、智慧化的中高级阶段。

三 智慧城市建设思路与策略

(一)智慧城市建设思路

针对智慧城市建设现状与发展趋势,今后智慧城市建设的基本思路如下。第一,应坚持政府调控与市场调节并举。政府主要负责公共物品性质的基础设施建设。而将智慧城市建设的其余部分交由企业完成。第二,应坚持自然科学技术与人文社会科学并举。智慧驱动城市发展是智慧城市的本质特征,作为解决问题的人类智慧当然涵盖所有知识领域,既包括自然科学、工程技术,也包括人文社会科学和艺术。第三,应坚持标准化硬件建设与特色化应用软件开发并举。硬件建设具有普适性的标准,包括遥感、射频、宽带、存储、处理设备等,并且宜于一次到位,配套建设。但应用软件开发使用可结合各地发展水平和地方特色逐步推进。第四，应坚持公共信息共享与个人隐私信息保护并举。信息安全与保密是智慧城市建设较大掣肘，一些公共部门以信息安全与保密为由垄断封锁公共信息，导致智慧城市规划、建设和管理无法推进。当然，个人隐私信息应依法保护，不可使居民隐私权受到侵害。

（二）智慧城市建设策略

基于上述建设思路，今后我国智慧城市建设策略主要有以下几个方面。

1. 从战略视角认定智慧城市内涵和建设标准

智慧城市作为智慧时代的城市形态，具有丰富的内涵。绝不能将智慧城市简单理解为城市信息化。要牢固树立智慧城市是智慧驱动城市发展的新理念，将智慧城市建设纳入城市长期发展过程中，不要有短期之内就会建造出智慧城市的急躁思想，就如实现共产主义理想那样，要久久为功，脚踏实地，稳扎稳打，日积月累。现有的各类智慧城市建设进展评价体系，由于对智慧城市理解简单，设定的大部分指标仅限于城市信息化，因此，这种评价体系易于误导智慧城市建设，必须加以纠正。

2. 以应用为导向逐步推进标准化智慧城市信息基础设施建设

智慧城市信息基础设施是智慧城市的神经系统，新一代信息技术成熟，为智慧城市提供了信息采集、信息传输、存储整理、提取分析、决策反馈、控制优化的能力，使城市变得敏捷聪明起来。可见，系统性、标准化的信息基础设施是智慧城市建设的前提。但由于应用开发不配套，也出现了信息基础设施利用率低、大量资金沉淀的问题。因此，以应用开发为导向，适度超前、逐步推进是智慧城市信息基础设施建设应遵循的法则。同时，提高信息基础设施共享水平也是十分必要的。

3. 按照城市系统架构采集数据信息，搭建统一信息共享平台

智慧城市运行需要全方位的城市动态信息，碎片化的信息无法实现城市运行动态监测的目的。但大量无关信息的采集又会提高信息采集和处理成本，因此有必要在信息采集前选取城市特征变量，对特征变量进行动态信息采集。同时，由于城市系统性，各类信息共享和有机整合是全方位了解城市动态的关键。不过，信息共享涉及信息提供者可能面临的利益受损的问题。个人存在隐私保护问题，公共部门存在利益博弈问题。消除个人隐私泄密和保护信息提供者利益，既要从技术层面抓紧研发，更应在法律层面予以界定。

4. 充分发挥人文社会科学作用，确保智慧城市健康发展

根据智慧城市定义，智慧城市不仅需要新一代信息技术支撑，更主要的是智慧驱动城市发展，包括网络信息技术的创新发展，也包括应用领域的智慧产业、智慧民生、智慧治理，都离不开对人的需求和行为方式的分析，而对人的需求和行为分析离不开人文社会科学。但在智慧城市建设初期，主要任务是信息基础设施建设，因而易于陷入注重技术、轻视人文社会科学内容物的误区，从而忽略了智慧城市建设的初衷。随着智慧城市信息基础设施的完善，智慧城市建设更需引入艺术与人文社会科学。一方面通过经济学、社会学分析，为智慧治理提供理论支撑；另一方面通过艺术与文化创意产业发展为智慧城市提供内容物，形成不竭的精神产品。同时，智慧城市健康发展离不开法治环境，需要法学、政治学和社会学研究的支撑。

5. 充分发挥市场的力量，推动智慧城市健康持续运行

智慧城市是最大的人工智能体，不仅有公共物品，也有私人物品。智慧产业大多由企业来完成，主要需要市场调节，智慧民生领域既有公共物品领域也有私人物品领域，既需要政府调节也需要市场调节。智慧治理大多属于公共物品领域，主要需要政府调节。信息基础设施建设同时具有公共物品与私人物品属性，因

此可以采取公私合营的 PPP 模式。此外，智慧城市顶层设计、规则制定、监管，以及先导领域也需要政府来主导。目前，我国各地城市政府在智慧城市建设过程中，大包大揽的方式是难以持续的，必须加以纠正。

6. 做好智慧城市建设的顶层设计，整合现有各类单项智慧城市项目建设

智慧城市建设具有系统性、有机性的特征，但目前各智慧城市建设项目之间缺乏有机联系，降低了智慧城市建设效果，使得智慧城市建设呈现碎片化现象。从全国数百个智慧城市建设试点来看，绝大部分缺乏整体规划和顶层设计，各城市基本处于单个项目建设状态。如智慧信息基础设施、智慧终端、智慧购物、智慧交通等进展较快，而智慧医疗、智慧养老、智慧教育等智慧民生领域亟待加强。同时，要充分发挥市场机制作用，进一步落实国家制定的各项战略新兴产业规划，加快发展智慧产业，引领产业转型升级。在新一代信息技术支撑下，促进新能源、新材料、生物医学取得突破性进展，从而引领高端制造业发展。要根据各地城市发展基础，有选择地发展智慧产业，使地域合理分工，构建错位发展、互补发展、协同发展和一体化的新格局。比较而言，智慧治理进展较为缓慢。无论智慧规划、智慧监测、智慧管理还是智慧决策都处于起步阶段，影响智慧城市建设水平和运行

效率。其原因首先是对智慧城市认识不到位，其次是受到研发水平制约，最后是共享信息平台没有建立起来。然而，只有提高智慧治理水平，才能统领各项智慧城市建设项目，因此应列为智慧城市建设的先导任务，亟待加快推进。

参考文献

1. 李扬、潘家华、魏后凯、刘治彦：《智慧城市论坛 NO.1》，社会科学文献出版社，2014。

2. 李扬、潘家华、魏后凯、刘治彦：《智慧城市论坛 NO.2》，社会科学文献出版社，2015。

3. 刘治彦：《智慧城市的特征与"痛点"》，《经济日报》2017 年 7 月 7 日第 14 版。

打造长江中游智慧城市群

秦尊文[*]

非常荣幸在这里与大家就智慧城市进行交流，我今天发言的题目是"打造长江中游智慧城市群"。讲三个方面的内容：一是打造长江中游智慧城市群的背景；二是长江中游城市群建设的基础和优势；三是长江中游智慧城市群建设与发展思考。

一　打造长江中游智慧城市群的背景

2012 年 8 月 27 日，国务院颁布《关于大力实施促进中部地区崛起战略的若干意见》："鼓励和支持武汉城市圈、长株潭城市群和环鄱阳湖生态城市群开展战略合作，促进长江中游城市群

---

*　秦尊文，湖北省社会科学院副院长、长江中游城市群研究中心主任、中国城市经济学会副会长。

一体化发展。"2013 年 9 月 26 日，国家发改委在武汉启动了长江中游城市群规划编制工作。而我有幸参加了这次会议，并且承担了规划的文本起草工作。2015 年 3 月 26 日国务院发函批复《长江中游城市群发展规划》（以下简称《规划》）并于 4 月 5 日公布。《规划》为贯彻 43 号文件精神，通篇围绕"一体化"这条主线展开。长江中游城市群建设要坚持这条主线，重在推进空间开发、基础设施、产业发展、生态文明建设、社会公共服务、对内对外开放六个方面的一体化。六个方面的一体化，其中包括基础设施一体化，基础设施的一体化当中应该包括信息基础设施的一体化，也就是与智慧城市建设相关的基础设施的一体化。

长江中游城市群，是以武汉城市圈、长株潭城市群、鄱阳湖生态城市群为基础形成的特大城市群。范围包括：湖北省武汉市、黄石市、鄂州市、黄冈市、孝感市、咸宁市、仙桃市、潜江市、天门市、襄阳市、宜昌市、荆州市；湖南省长沙市、株洲市、湘潭市、岳阳市、益阳市、常德市、衡阳市、娄底市；江西省南昌市、九江市、景德镇市、鹰潭市、新余市、宜春市、萍乡市、上饶市，抚州市东乡县、临川区，吉安市新干县（见图 1）。面积约 31.3 万平方公里，2014 年实现地区生产总值 6 万多亿元，年末总人口约 1.3 亿。

图 1 显示了长江中游城市群的空间开发布局。长江中游城市群位于长江经济带中部，湘鄂赣三省交界地带，开发格局是

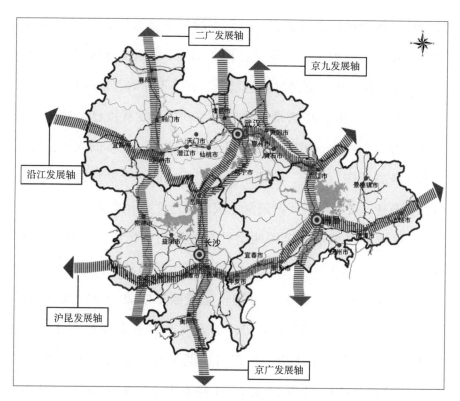

图1 长江中游城市群空间开发布局

"两横三纵","两横"是长江黄金水道、沪昆高铁两条横线，"三纵"就是京广线、京九线以及最西边的二广发展轴。依托长江黄金水道，以纵横东西南北的铁路为主干线，加上四通八达的高速公路交通网，以及航空运输，贯穿东中西，连接南北方，在全国的经济发展格局中具有举足轻重的枢纽地位。

《规划》对长江中游城市群有四大定位，其中最后一个定位就是"两型"社会建设的引领区，要为全国的资源节约型和环境友好型社会建设提供新的范式。长江中游城市群为什么要搞"两型"社会建设呢？因为这三个省（江西、湖南、湖北）都缺煤、少油、乏气，而现在能源、资源供给趋紧，三省又不靠海，能源供不应求，对外依存度高。长江中游地区水电资源利用开发程度已经很高，深度开发潜力有限。一些能源的价格，由于物流、成本的原因，比长三角地区高 20% ~ 30%，这成了发展工业化的一个制约因素。怎么办？要节能，要环保，要倒逼绿色城市和智慧城市建设。

《规划》要求建成全国两型社会建设引领区，大力推进碳市场发展是一个很好的突破口，而湖北碳市场和碳金融在全国遥遥领先。早在 2010 年 11 月，全国首家碳减排联盟——武汉碳减排协会就正式成立了。2012 年初，国家发改委下文同意在北京市、天津市、上海市、重庆市、广东省、湖北省、深圳市开展碳排放权交易试点。2013 年 6 月至 2014 年 6 月，7 个试点先后开市。湖北被列入碳排放权交易试点后，于 2014 年 4 月开市。虽然启动时间处在第 6 位，但后来居上。设在东湖高新区的湖北碳排放权交易中心，在开市当日就成交 51 万吨，成交金额 1071 万元。湖北碳市场交易一起跑就领先全国。截至目前，湖北碳市场总成交量占全国的 50% 以上，成交额一直占 40% 以上，最高时占到 58%。湖北的碳交易总量和碳交易额占全国的一半以上，市场规模在全世界仅次于欧盟。2015 年 9 月，习近平在美国访问的时候，与奥巴马进行了会谈，双方签订了关于气候合作的框架协议。中国承诺到 2017 年，全面启动全国碳排放交易体系。如果长江中游把碳交易市场做大了，到时候就会成为全球最大的碳排放交易市场和碳金融市场。这些十分有助于智慧城市的建设。

在国际环境深刻变化、国内经济发展进入新常态的大背景下，长江中游城市群要合理利用自身优势，牢牢把握新的战略机遇期，制定并实施低碳城镇化战略，推动形成绿色低碳的生产生活方式和城市建设管理模式，建立跨区域生态建设和环境保护的联动机制，打造具有重要影响力的生态型城市群，为全国两型社会和生态文明建设积累新经验，提供典型示范模式，努力推进资源节约型、环境友好型社会建设，形成智慧化发展格局。

二　长江中游城市群建设的基础和优势

（一）地理邻近、人文相亲

长江中游城市群由三个相邻的省内城市圈（群）共同构成，这就是武汉城市圈、长株潭城市群和鄱阳湖生态城市群。我在 2003 年发表的文章中，就呼吁"三圈合一"，建设长江中游城市群。

长江中游城市群有三个中心城市——武汉、长沙、南昌，它们相互距离 300 公里左右。在全国，三个省会城市基本呈等边三角形分布的是首个（见图 2）。而且三地文化源远流长，因为湖南、湖北过去是一个省，叫湖广省，湖南、北有很多人祖上都是江西迁过去的，叫作"江西填湖广"。至今湖南、湖北本土的居民，祖上大概有 60% 的人来自江西。

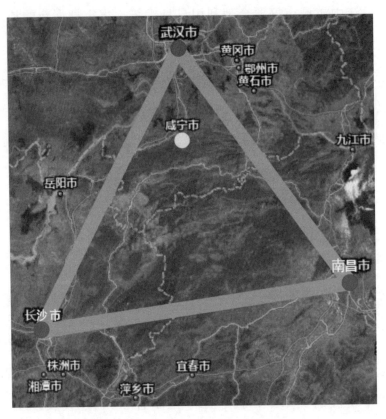

图 2　呈等边三角形分布的三个省会城市

（二）信息基础设施逐步完善

2014年武汉市全年邮电业务总量260.85亿元，比上年增长31.9%；年末移动电话3G用户达625.57万户，增长25.6%；互联网宽带用户372.05万户，增长16.0%；光纤到户覆盖266.6万户，增长14.2%。2014年长沙市全年邮电业务总量194.95亿元，比上年增长29.9%；年末本地固定电话用户194.68万户，下降5.8%；移动电话用户1118.20万户，增长2.9%；年末互联网宽带用户达152.83万户。2014年南昌市全年完成邮电业务总量82.01亿元，比上年增长20.43%；年末固定电话用户111.55万户，下降11.99%；移动电话用户601.04万户，增长10.86%，其中3G移动电话用户268.25万户，增长7.97%；互联网宽带接入用户数119.57万户，增长7.52%。从武汉、长沙、南昌的业务量来看，都达到了比较高的程度。三大中心城市联手建设智慧城市群，从这些城市群建设基本条件看已趋于完善。

（三）武汉智慧城市"领跑者"地位初步确立

《中国智慧城市发展水平评估报告》显示，以下主要城市智慧城市发展水平处全国领先：北京、上海、广州、深圳、天津、武汉、宁波、南京、佛山、扬州、宁波、杭州（主要是杭州湾新区）是智慧城市建设的"领跑者"；重庆、无锡、大连、福州、杭州、青岛、昆明、成都、嘉定、莆田、江门、东莞、东营是智慧城市建设的"追赶者"；沈阳、株洲、伊犁、江阳是智慧城市建设的"准备者"。在长江中游地区，武汉是国家智慧城市的领跑者，是中国物联网技术的主要源头。武汉也是中国遥感技术、北斗导航技术的主阵地。武汉也是中国宽带互联网全国八大中心节点之一，中国新一代高速环网唯一的五环交会地，其网络调度地位仅次于北京、上海，处于全国骨干通信网的中心位置。此外，光电子信息产业是武汉崛起的支柱产业，拥有"武汉中国光谷"。还有一批有代表性的企业，以烽火通信、长江通信和华工科技为代表的武汉光电子产业，2015 年 6 月成立的中国云体系产业创新战略联盟智慧城市武汉创新中心，以及 11 月成功举办"中国光谷"国际光电子博览会暨第十一届中国湖北产学研合作项目洽谈会，更显示出长江中游智慧城市群发展的广阔前景。这些都为智慧城市群的建设提供了优越的基础条件。

武汉的中国光谷还和美国的硅谷签订了"双谷"战略合作框架协议。

武汉在光电信息产业领域居于全国领先地位，现在已经建成了我国最大的光电器件研发生产基地，最大的激光产业基地，主导制定了全球首个互联网业务感知和内容识别国际标准。中国工程院院士余少华在光通信三超领域（超大规模、超长距离、超高速率光传输）做出了重大创新，使我国在这一领域处于世界领先水平，研制了世界上首台万瓦连续光纤激光器，是代表国家参与全球光电子产业竞争的主力军。武汉的达梦数据库成为国家采购国产数据库唯一签约厂商，武汉传神公司在全球首创"语联网"并上线运行，这是个什么新鲜事物呢？就是世界上的语言有好多种，不管说什么话——汉语、英语、马来西亚语、韩语——通过语联网都可以实时翻译出来。这是全球首创的。同时首创了一系列的智能设备，比如首创全球可以医用、食用的胃镜机器人，跟胶囊一样大，叫作胃镜胶囊。人吞下去之后，就可以做胃镜检查，克服了常规的胃镜检查不舒服的弱点。

（四）长江中游各城市纷纷跟进

2015年初，有研究机构发布全国首部《智慧城市惠民发展评价指数报告（2014年版)》，对我国智慧城市惠民服务的现实情况进行系统量化监测及评价，南昌居全国省会城市智慧城市惠民发展排名的前15位，这也是比较领先的水平。智慧城市可以在各个方面有所作为，比如智能交通、智慧应急、智慧安防等，很多专家都谈过了，不再重复。图3显示了智慧民生链条概貌。

2011年7月19~20日，湖北省党政代表团来到江西学习、考察，我是党政代表团的成员，去参观了当时刚刚开张的中国鄱湖云计算中心，不知道现在规模如何，但确实启发了我们，因为

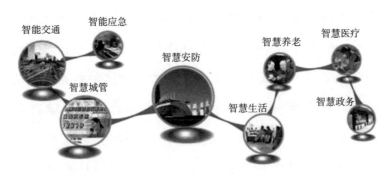

图3　智慧民生

当时还没有（现在已经做了）。据介绍，2011年5月26日，全球第一个开源技术的公有云在南昌高新区正式启动，是和甲骨文公司等合作的。开源技术公有云的特点是源代码开放，易扩展、可编译、用户自操作性强，其计算能力、存储能力、交互能力是动态、可伸缩且被虚拟化的，以服务的方式提供。这种新型的计算资源组织、分配和使用模式，有利于合理配置计算资源并提高利用率，促进节能减排，实现绿色计算。这也是具有领先水平的。在这之后，湖北也开始跟进。还有萍乡市以及南昌市的红谷滩新区，都是国家智慧城市试点。南昌还建立了首个智慧社区等。青云谱区孙区长介绍的青云谱区搞的全省智慧菜场，与人民群众的生活联系得比较密切，做得很好。我受商务部的委托，来这里考察，商务部定位了13个商业功能区，其中有一个叫作长江中游商业功能区，我承担编制功能区规划的任务。协助商业功能区中有一个重要的功能定位——搞农户产品流通。

红谷滩新区世纪中央城的数千户居民已经开始享受"智能生活"。该社区是南昌市首个"智慧社区",红谷滩计划逐步把这种模式推广至全区的 58 个社区。2015 年 10 月 18 日,江西省首个"智慧菜场"在青云谱区投入使用。象湖智慧农贸市场接入了移动的百兆光纤专线,免费 WiFi 全覆盖。消费者挑选好肉菜、水果后,只要用手机扫一扫摊主的支付宝二维码,输入金额就能付钱,不用专门携带现金,省去了找零钱的麻烦。下一步,青云谱区将力争实现"智慧菜场"全覆盖,并适时推出"掌上市场",利用手机 APP 打造"智慧"菜场,启动网上订菜服务,线上下单,线下配送,实现线上线下同步运营,为消费者提供更便捷的买菜体验。

我曾考察了电子商务培训发展情况,根据南昌市的电子商务培训机构空间布局来看,青云谱区已经开始培育引导电子商务发展,从南昌甚至江西省来讲青云谱区在智慧商务培训领域都走在前列。

三 长江中游智慧城市群建设与发展思考

（一）注重市场导向,加强市场调节,完善政府互联引导措施,联通"信息孤岛"

智慧城市群建设不是地方政府的"政绩工程",要注重市场导向，避免"重决策，轻应用"。

一方面，智慧城市群建设应依托市场这只"看不见的手"，利用供求、价格、竞争、风险等市场调节机制促进资源的有效配置和效用最大化，利用利益诱导和市场约束、资源环境约束的"倒逼"机制加快智慧城市群建设的应用技术创新。

另一方面，要合理联结各级各市县区政府的管理机制，充分发挥政府在公共资源配置中的引导性作用。通过整合智慧化的资源，联通"信息孤岛"，切实打破城市群运行中的资源分散、系统分建和管理分治的格局。加强区域内各部门的互联合作，避免各自为政，建立统一规范的信息化架构标准，技术集成、信息共享、横向融合、纵向贯通，共同做好智慧城市群建设的规划制定工作，制定相对完善的产业、财税、补贴和金融政策，引导资金、资源、技术、人才等要素合理流动，建立与实施智慧城市群建设工作的统筹协调机制。

（二）加快金融创新，提高经济发展水平，为智慧城市群的建设提供资金支持与保障

建设智慧型城市群虽后期收益巨大，但其前期投入量大、建设周期长、投资风险高等缺点是制约其发展的关键因素。因此，需要长江中游城市群加快金融制度及产品创新，提高区域内经济发展水平，为智慧城市群的建设提供资金保障。

一方面，政府要加大相关项目的资金投入与财政补贴，争取国家和省科技部门、经济综合管理和各产业管理部门的指导与支持。同时三省政府还可以划拨适量财政资金设立协同发展基金，建立利益共享机制，按照利益共享、风险共担的原则，建设长江中游城市群协同发展基金，以推动能产生实效的跨省协同发展项目的建设。

另一方面，要吸引和鼓励民间资本和国际资本的投入，发挥民营企业、中小企业、外资企业在智慧城市群建设中的重要作用。发挥多层次资本市场在智慧产业发展中"积少成多、壮大培小"的作用，分散智慧技术创新的高风险，形成规模经济和范围经济，以带动区域经济更高效地发展。此外，还要完善与科技型企业规模结构和所有制形式相适应的多层次信贷融资体系，拓宽企业的融资渠道等。

（三）重视创新驱动，强化技术支撑，夯实人才基础，为智慧城市群建设提供技术与智力保障

智慧城市群建设与发展的核心技术就是新一代的信息技术，因此，必须重视创新驱动，强化技术支撑，注重创新人才培养，避免"重模仿，轻研发"的发展态度。要充分发挥长江中游城市群的技术优势和产业优势，加强技术研发、应用试验、评估监测、测评完善等方面的公共服务平台建设，发挥区域科教优势，

着力推进企业与高校、科研院所的产学研合作，优化智慧城市群建设的技术创新环境。

要加强对技术研发专业人才的培养与优抚，发挥现有的武汉市"3551 人才引进和培养计划""511 黄鹤英才计划"，长沙市"3635 人才引进计划""345 人才培养计划"，南昌市"洪城计划"的引导作用，培养引进一批战略型、创新型、复合型、全面型的高层次人才，为智慧城市群的建设与发展提供强大的智力支持。

（四）选准智慧城市群建设突破口

一方面，发挥政府的推动作用。积极开展智慧交通、智慧水利、智慧城管、智慧教育、智慧政务、智慧环境监测等建设，特别是可以从智慧工商突破，因为三省已经签订了相关协议，探索建立城市群企业信用信息互通交流机制，实现企业登记、企业监管等信用信息共享，推进城市群 12315 平台联网运行等。

另一方面，发挥企业和基层的主体作用。发展电子商务、智能电网、智慧旅游、智慧安保、智慧医疗、智慧养老、智慧娱乐、智慧社区等。政府、企业双手并用，长江中游智慧城市群就一定会建成。

大数据与城市智慧

倪　明[*]

感谢主持人，特别感谢中国社会科学院城市发展与环境研究所和江西省社会科学院给我一次学习和交流的机会。本次会议14个报告，到目前为止，讲了第11个，后面还有2个。现场听得最多的关键词是：大数据、城市、智慧、智能、"互联网＋"、物联网等。本次大会的主题设置非常好，专家和学者围绕智慧城市这样一个主题，紧扣这几个关键词，从不同的角度去理解和分析城市。我做的一些工作和一些想法和姜书记不谋而合，我认为姜书记的预言是对的。

以下我结合自己的想法，与前述报告观点相同的地方我就不说了，探讨一下自己的观点。

我为什么选这个题目。因为我的专业是信管，从硕士到博

* 倪明，安徽桐城人，博士、教授。时任华东交通大学经济管理学院副院长。

士，一直到现在，始终以信息化为主线展开研究。信息化研究的基础就是数据研究。当前各个领域都有数据产生、处理和利用的研究。因此，我选择了数据在城市领域应用的研究，即大数据与城市智慧。我们所讲的城市应该具有一定的智慧，这个智慧是有限的智慧，与人类的智慧是没有办法比的。所以，讲它的智慧，是基于一种推理、广义的知识的集结、关联规则等。在此，我从大数据如何提高城市智慧这个视角来讲。

下面进入正题，首先讲一个引子。我们这个城市，大家谈得最多的，为什么要搞城市化和智慧城市建设？就是想把一个世界变成另一个世界。目前主要是以高科技，特别是信息技术为手段。目前最受关注的是云、网、端，改变生活的是云技术、云存储物和云计算。当前，我国的云技术不是非常成熟，处于基本上可以用的阶段。关于云计算和云存储，国家层面做的主要是基础设施建设，也就是大数据基础设施建设。目前，在大数据基础设施建设方面，贵阳做得比较好。相对来讲，东部城市建设弱一些，西部地区的投资增速要快于东部地区。目前，大数据基础设施建设以10%的速度增长，而社会对大数据的需求以每年30% ~ 40%的速度增长，缺口仍然很大。未来几年我国的大数据基础设施建设应该还是信息产业发展的主要抓手。我们说一个概念，就叫作端，常见的是手机、iPad，还有可穿戴设备，包括机器人，也是终端。人工智能可以一定程度上反映人类的行为，比如判断周围环境并根据人的行为进行对话。数据通常分为三大类：行为数据、结果数据、属性数据。所谓的端现在很多，比如汽车，它也可以作为非常好的智能端。未来的车联网、智能交通等，都可以将车作为很好的终端。目前的网络包括互联网和物联网，未来还要联到电网。电网大家都知道，未来电和智能汽车将来要联合，电网目前的功能是输送电力，那么能不能输送信号，又比如无线充电呢？这些技术如果实现了，智能汽车产业将出现颠覆性的变化。这些技术的实现需要数据流，而人们在生产和生活中就会产生很多数据，一方面传递数据，另一方面产生数据。

大数据也改变了城市的生活，这个话题不展开说了。一种产品不但应该具有基本功能，还应该具备智能，一杯水喝完了，水杯应该能够发出加水的信号并且报告水温是多少。水杯传递了信息，就不仅仅具有盛水的功能。未来，我们的吃、穿、住、行、医、教育和交际等都会发生颠覆性变化，由于时间关系不展开说。未来我们的工作，也会发生一些颠覆性变化。这对数据管理和传递都提出了非常高的要求，要求处理和传递的瞬时性。海量的数据，对处理、存储和传递提出了很大的挑战。看看海量数据的例子，上午很多专家讲了，北京的摄像头一年下来积累300PB的数据。还有人说，一个人从出生到死亡，产生的数据大概是1PB，全球70亿人口，就是70亿PB的数据，这个数据大得不得了。这就面临海量存储的问题，数据多了不好找，也不好处理，面临技术上的瓶颈和挑战。数据用得好，可以改变我们的生活，举个例子，人们打开电脑和手机，就可以知道哪里有停车场，附近哪个洗手间最干净，甚至可以查询各个景区游乐场的游客人数，制订自己的行动计划。这样的智能生活，将来会实现。这就是我们说的智慧城市、智慧生活的一个缩影。

这个引子，引出了我今天所要讲的内容，主要包括四个方面：第一，城市为什么要智慧？第二，怎么提高城市智慧（从大数据的角度看怎么能智慧）？第三，举几个例子；第四，提几点建议。

一 城市为什么要智慧？

城市的智慧主要体现两个水平：一是城市基础设施建设的水平；二是如何用和如何管的水平，这是非常重要的。有好多城市基础设施建得很好，但是用和管的水平没有跟上。所以利用城市的智慧可以提供更便捷、更智能的服务，上午很多专家讲了这个概念，我就不说了。为什么要智慧，从两个角度给专家、同行展示一下：一是提高城市的生活质量；二是改善城市的管理水平。

提高城市生活质量包括三个方面。第一，使城市的生活更加便捷。第二，使人们更加安居乐业。小米为什么要进驻家居行业，而且采取一口价装修，即每平方米 600 元钱装修的方式呢？为什么雷军带领小米打造了中国手机的业态，还想打造中国家居业的业态，他的目的是搜集数据，因为家装 600 元/平方米不赚钱。将来的可能是，小米在智能家居领域领先了，因为其有了丰富的用户资源，未来用户在居住生活中，如果遇到家具坏了、房屋需要维修等问题，会直接找到小米。这是一个方面，还没有体现智能，那维修怎么会体现智能呢？用户的房屋包括家具到了一定年限，系统会发出信号，告知家居要维修或者房间需要打扫了等，而数据掌握在小米手中，便显示了雷军的高明之处。第三，让城市生活变得更加健康、和谐和美好。从大数据视角来讲，先用数据分析，后做事，事半功倍；反之，事倍功半。上午有专家提到公共服务与个人的生活更加紧密，从而使城市更加和谐，比如医疗卫生、移动支付等，不展开说。

改善城市的管理水平。第一，多规融合。城市管理要强调多规融合，什么能够推动多规融合呢？就是大数据。大数据技术可以通过对城市地理气象和经济社会文化、人口等信息的挖掘，为城市多规融合提供强大的智能决策支持以及数据基础支持。第二，打破目前各个部门城市规划、土地规划、人口规划等的界限，实现多规融合，这种融合要基于基础数据，只有通过多元数据整合才能够推进多规合一。第三，从城市的可持续发展角度看，上午专家也讲了，目前城市有各种病，怎么解决呢？需要结合大数据对城市进行分析、模拟和预测，推进资源合理分布，推动公共服务均等化。

城市管理好与不好，首要看城市平安不平安。以上海发生的踩踏事件为例，如果借助大数据，可以进行监控、预警，人流达到一定程度，就提出预警，可以把灾害损失降到最低。大数据对城市管理水平的提高、安全级别的提高很重要，能够提升城市的应急处理能力。大数据在反恐中也能发挥重要作用。比如，大家在看恐怖分子袭击事件的回放时，可以感到恐怖分子在几个关键点发生微妙变化，把这些变化连起来，就是恐怖分子袭击的完整路线图。如果在这之前能够借助大数据对嫌疑分子进行分析的话，可以有效阻止恐怖袭击发生。

让城市发展更全面、更协调、更可持续。比如，在韩国的首尔，公共交通部门基于智能手机分析了多条通话记录和手机短信，重新设计了九条公交线路，解决了城市交通的问题。这就是大数据在城市管理中的应用。

建设智能政府，这个不展开说，包括协同办公、提供均等化的公共服务等。

二 怎么提高城市智慧？

我从两个方面说如何提高：一是从技术角度提高；二是从大数据应用角度提高。

一是利用大数据技术来实现城市智慧。大数据和互联网技术借助云、网、端技术。如果一个城市的云、网、端做好了，城市智慧就有了一定的技术基础。这就是借助大数据技术，包括专家讲的平台，这里不展开说。从数据的采集、感知，到数据的应用，然后统一设计方案。这是第一个方面，包括技术和平台。

二是从大数据的应用角度提高智慧。我们知道，数据不加以利用就是垃圾，数据越来越多，如何存储和应用就成为问题。我们要把数据尤其是城市日常运行的数据变废为宝。数据是智慧城市的重要资产，因此要充分利用这些数据实现城市的智慧。比如说，通过对城市运行特征的管理，可以把握城市运行管理对象，挖掘城市发展内在规律，提高城市全面决策能力，提升城市发展的软实力。用好大数据，可以进行大数据政务、大数据健康、大数据党建、大数据反腐等一系列应用。

借助大数据分析可以实现智慧，比如互联网行业、零售行业。实践中，数据便成为宝贝。不仅仅是把技术当宝贝。刚才姜书记举了一些例子。智能汽车将来要解决的，除了智能电网，就是车联网技术。要把智能电网引入车联网和智能汽车。现在我们讲智能汽车，就是在汽车上架了一个东西，比如一个导航或者其他东西，这还不能叫智能汽车。智能汽车整个的身体都是智能的，能感知，能把自己的信号传递出去实现车与车，车与人，车与路，车与电（电网）之间的互联。目前技术已经有很多突破，汽车有汽车的 CN 系统，网有网的系统，就是互联网有 ISO 的 OSI 系统。要把车和网系统连起来。

再比如，智慧医疗。有一种可穿戴设备，如手上戴一个东西，使用者的血压、心跳等数据就可以传到处理器，用户就会得到一个报告，包括如果调节饮食、如何锻炼等。智慧城市还可以利用大数据，进行节能减排，斯德哥尔摩是进行大数据应用尝试比较成功的城市，不展开说。

最后提三点建议，时间关系不展开说。

第一，正如刚才几位专家说的，要加强统筹规划，优化大数据形成机制。目前数据的源头太多了，以致数据的格式和标准无法控制，用数据、存数据遇到一系列困难，所以要形成数据的形成机制和规范。

第二，加强数据的搜集和对信息的感知，提高城市的感知水平。从感知技术角度推进研发进程。

第三，推进大数据的应用，提高经济社会城市智慧化水平。

最后我以一位数学家的一句话结束今天的发言：一个人的智慧是有限的，众人的智慧是无穷的。后面我加了一句话：众人的智慧可以创造城市的智慧。众人包括大数据和城市中的人，能够创造城市的智慧。

聚焦四大关键问题，促进智慧城市健康发展

楚天骄*

一 引言

在中国，智慧城市建设热潮方兴未艾。工信部《2014 年 ICT 深度报告》的数据显示，中国 100% 的副省级以上城市、89% 的地级及以上城市（241 个）、47% 的县级及以上城市（51 个）在推进智慧城市建设。其中，东中部地区经济发展水平和信息化基础相对领先，开展智慧城市建设的城市数量占全国总数的 73%；西部提出或在建智慧城市的地级市有 50 个，占西部地级市总量的 56.8%。有 10 省（市）制定了省（市）级总体规划，向上延伸形成智慧城市省级、区域群落，向下延伸辐射到城镇（县、

---

*　楚天骄，中国浦东干部学院城市现代化研究中心主任，教授。

乡）。2012 年，科技部和国家标准委、住建部等部门开始进行智慧城市试点工作。2012 年 10 月，科技部办公厅和国家标准委办公室联合下发《关于开展智慧城市试点示范工作的通知》（国科办高〔2013〕52 号），开展智慧城市技术和标准试点（简称智慧城市双试点）。2012 年 11 月 22 日，住建部下发《关于开展国家智慧城市试点工作的通知》（建办科〔2012〕42 号）。2013 年，由住建部组织召开的国家智慧城市试点创建工作会议召开，公布首批国家智慧城市试点名单共 90 个。

三年多来，中国智慧城市建设情况如何，在建设过程中遇到的难点问题有哪些，如何破解这些难题，笔者就这些问题对到中国浦东干部学院培训的学员进行了调研。被调研学员是地方智慧城市建设的主管或分管领导，以及国家相关部委的有关领导。调研结果显示，学员认为影响当前智慧城市建设的关键问题主要有四个，分别是智慧城市顶层设计、智慧城市建设和管理的体制机制、智慧城市投融资和运营模式、智慧城市建设与治理能力现代化之间的关系。现结合这四个关键问题谈谈笔者的认识。

二 智慧城市顶层设计

智慧城市建设最重要的工作是做好顶层设计。2012 年住建部开展国家智慧城市试点工作时，推荐了一个智慧城市系统顶层架构示意（见图1）。按照该顶层架构系统的要求，一座城市要建智慧城市，首先应该建设网络层和感知层，在网络层和感知层之上建设平台层，将从感知层采集到的数据，由网络层传输和汇总到平台层，构成城市公共信息平台。基于城市公共信息平台，再建设应用层，即根据用户的需求开发一系列应用。要保证这些内容顺利落地，需要构建两大保障体系：政策标准保障体系和制度安全保障体系，在进行智慧城市顶层设计之初就必须尽可能地考虑周全，因地制宜地制定符合当地组织结构特点的政策框架，以切实保障智慧城市建设按照既定目标分阶段、分步骤地落实。

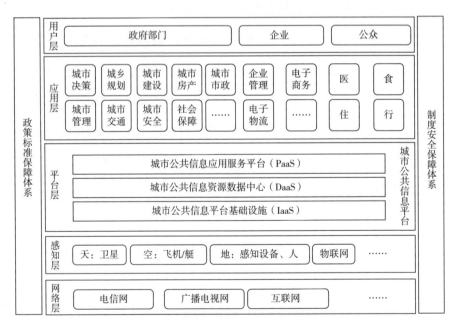

图1　智慧城市系统顶层架构示意

　　需要特别指出的是，智慧城市建设必须处理好顶层设计与项目实施之间的关系。不少城市在智慧城市建设的过程中，在顶层设计没有考虑成熟的条件下就仓促上马，花大量财政资金建设了很多孤立的信息化项目，从而在城市中开展新一轮的信息化重复建设，形成了更多的信息化孤岛。比如某城市申报了住建部的智慧城市试点，该市原有的信息化基础较好，有网上花木市场等一些比较有影响的信息化项目，但是始终无法建成城市公共信息平台。该市最后想出了一个变通的办法，委托某科研机构开发一个桌面，将所有的信息化应用项目放在这个桌面上，表面看起来就像是有一个公共信息平台一样，实际上这些项目之间并未实现信息的共享和业务的协同，还是一个个孤立的信息化项目。这样的做法跟智慧城市建设的基本宗旨是相违背的。

　　智慧城市的顶层设计要能够体现城市发展的宏观愿景，要服务于城市功能的提升和解决城市问题的制度设计。被誉为新加坡城市规划之父的刘太格先生经常使用孔雀与火鸡来比喻城市长远规划与短期规划之间的关系。他说："如果你想让城市成为一只孔雀，那就要先有个轮廓，再有器官、细胞，如果先做近期规划，一个个区域地做，很可能会做出一只只小火鸡。而一百只小火鸡也比不上一只美丽的孔雀。"智慧城市建设也是如此，若干个信息化应用项目的叠加绝不等同于一座智慧城市。

三　智慧城市管理体制机制的设计

智慧城市建设要破解的一个关键环节是打破部门之间的信息壁垒，实现互联互通、资源共享和业务协同。部门之间互联互通和资源共享有助于提高行政效率、降低行政成本、帮助科学决策、建设服务型政府，因此，各国都在积极倡导政府部门数据开放，倡导政府部门使用云平台。尽管呼声很高，但真正落实起来却困难重重。究其原因，一是政府部门害怕失去信息垄断会影响本部门的权力，因此将数据视为本部门的核心机密，严格"保密"；二是部门内部的数据质量不过关，利用不充分，业务流程不透明，担心开放数据后暴露出本部门的"缺陷"；三是部门领导对信息化不了解，主观上不愿意也没有动力推动信息共享。因此，智慧城市建设最重要也最难做的就是打破部门之间的信息壁垒，实现资源共享。

凡是智慧城市建设进展顺利的城市，都在一定程度上建立起了符合当地特点的管理体制和机制，从而打造了一个真正的公共信息平台。通过公共信息平台建设实现数据共享和业务协同的城市，主要采取两个路径：第一，建一个统一的物理平台；第二，在部门之间建立一个信息的联通共享机制，最重要的是形成一个协同的工作理念。这两个路径都有成功的实践案例。

通过建设统一的物理平台来实现数据共享和业务协同的典型案例是无锡市。无锡历史文化悠久，是中国民族工业和乡镇工业的摇篮，也是苏南模式的发祥地。无锡在建设智慧城市方面具有得天独厚的优势，它是全国科技创新先进城市、唯一的国家传感网创新示范区和传感网高技术产业基地、首批国家海外高层次人才创新创业基地，是"感知中国"中心所在地，建设智慧城市具有领先优势。2014 年 3 月，无锡市委市政府出台了《智慧无锡建设三年行动纲要（2014—2016）》，明确了无锡智慧城市建设的总体思路、目标任务和重点应用，为未来三年的智慧城市建设指明了方向。无锡智慧城市建设的体系架构如图 2 所示。无锡希望通过一中心、四平台和 N 个应用的建设，即无锡城市大数据中心、电子政务综合信息服务平台、城市管理综合信息服务平台、经济运行综合信息服务平台、民生服务综合信息服务平台和各行各业各领域的智慧应用建设，努力把无锡打造成为具有国际影响力的智慧城市建设先行示范区、具有一流竞争力的智慧经济发展产业集聚区、具有较强辐射力的智慧民生服务创新先导区。无锡首先通过在政府部门建设统一的机房的措施，实现了政府各委管局信息化资源的整合。具体做法是由市政府统一建设机房，取消各委办局原有的机房，所需信息化资源全部由统一的机房提供，从而从物理上解决了信息分割的问题。

上海在建设公共信息平台的过程中采用了一种完全不同的路

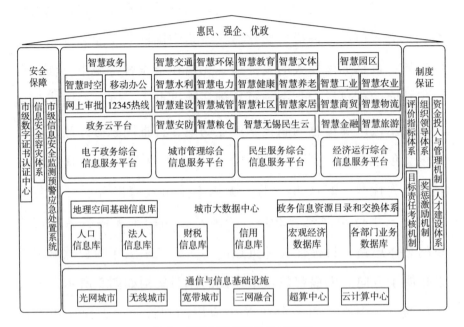

图 2 智慧无锡建设的体系架构

径——在部门之间建立信息联通共享机制。以上海市交通综合信息平台（以下简称交通综合信息平台）为例。该平台建成于 2008 年 3 月，是目前全国首个全面、实时整合、处理全市道路交通、公共交通、对外交通领域车流、客流、交通设施等多源异构基础信息数据资源，实现跨行业交通信息资源整合、共享和交换，为交通管理相关部门进行交通组织管理和社会公众进行交通综合信息服务提供基础信息支持的信息集成系统。该平台建成以后，已经为政府交通管理部门进行日常交通组织管理和制定重大交通决策、为社会公众日常出行提供了信息服务支撑，产生了良好的社会、经济效应。该交通综合信息平台系统是一个分级、跨行业汇聚、处理、共享和交换交通综合信息的集成系统。一级平台即上海市交通综合信息平台，是全市交通综合信息集成、共享、交换和发布的主体。二级平台是行业交通信息汇聚、交换的信息系统，并承担着连接一级平台和三级应用系统的重任。三级应用系统是交通综合信息平台数据采集基础层和平台综合信息的具体应用层。其总体构架如图3所示。交通综合信息平台由通信网络、计算机系统、数据接口三部分组成（见图4）。通过万兆双环自愈以太环网连接市政、交警、城交、铁路、机场、浦东新区等部门，在相应数据接口标准规范下，由计算机系统完成数

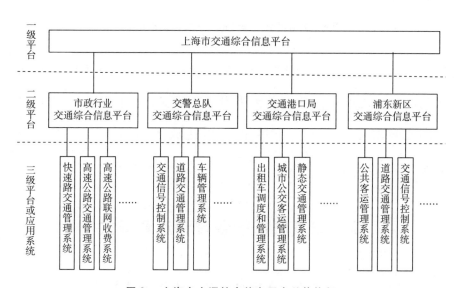

图3　上海市交通综合信息平台总体构架

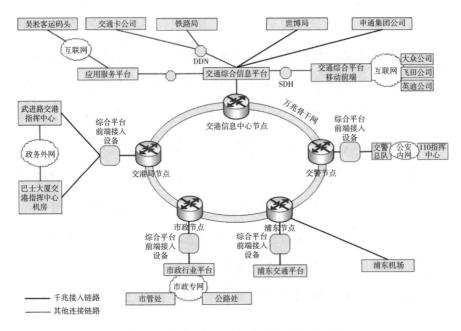

图4 上海市交通综合信息平台系统拓扑图

据整合处理等，实现交通综合信息平台的相应功能。不同行业和部门的数据之所以能够汇总到平台上，就是因为该平台与各有关部门之间就数据汇总、交换和使用达成了协议，建立了双赢机制。

四 智慧城市投融资和运营模式

一直以来，地方政府在推动智慧城市建设时主要采取两种思路：其一，以智慧城市的名义建园区，走招商引资的老路子；其二，由财政出资购买企业的信息化项目，把城市作为形形色色项目的试验场。这两种思路都会对智慧城市建设产生不利的影响。那么，到底应该怎么走出一条智慧城市投融资和运营的新路子呢？笔者总结发现，可以尝试三种新路径。

第一条路径是考虑盘活城市现有资源，产生新的资产收益。经过长期的基础设施建设，每座城市都已经积累了巨量的资源，其中有很多资源得到了充分的利用，但也有不少资源并没有得到充分的开发和利用，其经济价值没有得到充分的体现。最典型的例子就是城市的路灯。在城市里，路灯的制造、埋设，以及路灯的用电、维护，全部由财政出钱，因为路灯是公共产品，没有办法产生收益。那么，有没有可能通过对路灯的重新设计，将其变成城市的资产呢？有人设计了一种智能路灯杆，使其除了具备传统的照明功能外，还可以用作电动车充电桩、安装监测 PM 2.5 的环境设备、架设 Wi‑Fi 覆盖的城市微基站、添加传达信息的信息查询系统等。一旦路灯杆具备更为多元化的功能，就有更多的人愿意关注和使用这些功能，也有公司愿意为路灯杆的某些功能付费，这样一来，路灯杆就成为城市的资产，能够产生经济收益了。由于路灯杆遍布城市的大街小巷，它还能成为政府进行城市管理的有效载体，政府部门可以在路灯杆上安装显示器，用于播放公共信息，遇到公共事件时，还可以作为播放紧急信息的有效载体，大大提高紧急信息的传播效率。这个智能路灯杆的设计获得了红点设计奖。随着智能路灯杆的实际应用，未来将有更多的功能搭载在路灯网上面，还会产生更多的应用。

第二条路径是创造新的商业模式，更多地发挥企业的作用。现在很多城市都在公共场所投资建设免费的 WiFi，无论是建设还是运营都需要花费大量的财政资金。而无锡市通过商业模式创新，引入了企业建设和运营公共场所的免费 WiFi，取得了良好经济效益和社会效益。

无锡在建设无线城市之初也和大多数城市一样，采用了政府贴补运营商，政府出资、运营商承接建设的模式。2008 年，无锡提出建设"无线无锡"，到 2009 年底，无锡第三代移动通信网络覆盖全市，运营商建设的无线热点达到 8000 个，当时在国内处于领先地位。进入"十二五"，无锡又启动了以"光网城市、宽带城市、无线城市和三网融合"四大工程为主的新一轮信息基础设施建设推动工作，其中以免费无线热点建设作为重点推动项目。2012 年 5 月 17 日，全市共建设了 29 个公共免费热点，覆盖了主要的公共交通枢纽、政府为民服务场所、主要旅游景点和大型广场街区，得到了社会的广泛认同。但是，"无线无锡"的建设在规模上与杭州、北京、上海、广州等城市相比差距巨大。并且，采取这样的方式，一是建设成本很高，二是没有相应的商业模式，政府如果停止出资，公共服务就会中断，不能实现持续发展。

基于多个城市无线城市建设的经验，2013 年 10 月 28 日，无锡信息化领导小组办公室与无锡中苗科技有限公司签署了无锡市"公共免费无线热点"建设项目协议书，用一种全新的无线运作模式推进无锡公共服务免费热点的建设工作。"WUXI_ FREE"公共免费无线热点平台这一模式是由无锡市政府引导，协调各单位在相关信息资源和政策上给予中苗公司大力支持，由中苗科技公司负责建设整个无锡地区公共区域 AP 热点的布设，在全市范围内建设免费公共无线热点网络，整合现有政府、社会、企业等相关信息和服务，形成基于移动互联网的新兴传媒平台。无锡中苗科技有限公司探索出一条可持续发展的 WiFi 建设之路，通过 Wi‐Fi 的后期运营来支撑整个平台的建设。首先，无锡中苗科技掌握了无线城市的核心技术，从硬件的设计到软件的开发都达到国内一流的水平，云端控制 AP 和无 AC 的技术让成本大大降低，只是原先运营商成本的 1/5 甚至更少。另外，中苗科技使用了室内定位技术和围栏技术，使整个 WiFi 不再是一个只用来上网的设备，而成为政府、景区、综合体、商户大数据挖掘的工具、智慧服务的低层，从而实现了从服务商到商户再到消费者的三赢。中苗科技经过测算，WiFi 热点从建设到产生营收到盈利，预计成本回收期为 18 个月，5000 万元的投资五年产生 3 亿元收入，能为无锡的无线网络覆盖提供长期稳定的服务。

无锡之所以能够给市民提供全免费的 WiFi，赢在它创建了一个新的工作模式——用开放政府垄断性资源的做法，促进更多的民营资本投入，最终达到提高公共服务水平、让利于民的目的。

第三条路径是政企合作，引入 PPP 模式。2015 年以来，西部城市银川成为中国智慧城市建设中的一匹黑马。2015 年 7 月 14 日《人民日报》整版刊出了长篇报道《智慧城市的银川样本》，把信息化基础并不雄厚、智慧城市建设起步并不早的银川市推到了国人的面前。

银川的智慧城市建设充分利用资本市场，创新了智慧城市建设和运营模式。智慧银川建设中引入 PPP 模式，由政府购买服务、社会资本投入、专业公司运营，在信息惠民惠企、政府服务转型方面探索出一条切实可行的解决方案，确保城市可持续发展。具体合作模式为：银川市政府与中兴通讯股份有限公司联合注资成立中兴（银川）智慧产业有限公司，计划投资 30 亿元，分三期建设"智慧城市"。银川智慧城市以"一云一网一图"为骨架，建设智慧交通、平安城市、智慧社区、智慧环保、市民一卡通、智慧旅游、企业云及智慧政务八大应用，为政府、企业和个人三类用户提供服务，最终实现惠民惠企、科学管理和带动银川市信息产业转型和升级。"一云"就是云计算、云上的大数据，以及云的开发应用系统。"一网"是遍布全城的城市光网络，包括物联网络。"一图"就是空间地理的一张图，以及在这个图上分布的各种各样的传感器，物理上的图通过传感器具备空间性。银川通过与中兴通讯合作共建智慧城市，既体现了政府主导、企业参与、市场化运作的原则，又符合财政部所提倡的 PPP 模式。既符合国家对城市管理现代化（信息化）的要求，又适应行政化改革的需要，使政府经济职能更加科学化，城市管理全面化、精确化。

银川智慧城市项目（银川模式），最大的优势是进行创新构建一种智慧城市产业投资运营的商业模式，利用 PPP 和资本市场既解决了建设期巨额投资一步到位难的问题，也解决了运营期政府在升级换代上难以跟进的问题，为我国开展智慧城市建设提供了新的思路。

五 智慧城市建设和治理能力现代化之间的关系

技术的发展不可避免地会带来社会变革，这一趋势在智慧城市建设中尤为突出。智慧城市建设必须注重体现人文精神，加强城市治理体系建设，提高城市治理能力。阿里巴巴集团董事局主席马云提出，人类已经从 IT 时代走向 DT 时代，IT 时代是以自我控制、自我管理为主，而在 DT（Data Technology）时代，以服务大众、激发生产力为主的技术占主导地位。这两者之间看起来似乎在于技术的差异，实际上是思想观念层面的差异。对城市而言，智慧城市建设就是要推动政府行政体制改革，通过制度建设形成政府、企业、居民、社会组织多元参与、有效协同的治理体系，从而进一步提高城市治理能力。

第一，智慧城市顶层设计的基本出发点要避免技术导向，以现状与需求为基础。每座城市都有各自的特点和基础条件，要先进行城市现状分析，根据现状和实际需求设定目标并进行设计，明白城市所处的发展阶段，如果基础设施还没有建，就从基础的数据库开始做起，因为基础数据库的开发和应用是所有智慧城市建设的开始。要做到长期目标与近期目标的统一，既要看到眼前的建设需要，更要看到长远的建设要求；既要尊重技术厂商的建议，也要清楚了解城市百姓对智慧城市的期望。中期阶段，要选一些老百姓真正关心的、能真正解决他们在城市中生活所遇到的问题的应用。除了要依靠已有的建设经验外，还要吸取其他国家和地区的智慧城市建设经验。

第二，智慧城市建设的首要机制是打破利益壁垒，塑造多元参与、有效协作的社会治理体系。智慧城市建设的关键是对当前管理体制的挑战，或者说是对社会管理、政府治理体制的挑战，推进部门之间数据的融合意味着部门之间权利和责任的重新洗牌。当前的层级化管理体系不适用于扁平化的数据传输和处理，根本矛盾是信息传递处理的扁平化和社会治理架构的层级化之间的矛盾。应将智慧城市中政府信息化、城市管理信息化、社会民生信息化、企业经济信息化有机地整合为一体。应逐步打破利益壁垒，先在城市内部推进，再在城市之间推进。同时，通过数据开放，吸纳更多的非政府组织参与社会治理和创新活动，形成政府、企业、市民、非政府组织广泛参与的、充满活力的社会治理体系。

第三，智慧城市建设的可持续能力来自市场资源的参与程度，要以有限的政府引导资金引入更多的市场资源参与建设和运营，保障智慧城市的可持续发展。要将政府支持和市场化运营有机结合起来，以需促用，提升大数据标准制定和应用能力。首先，成立智慧城市标准化工作小组，统一解决智慧城市标准化工作中碰到的综合性、普遍性的难点和热点问题。其次，政府以项目方式在交通基础设施、卫生医疗、基本住房保障、环保等领域引导各方采用数据标准化的手段和方法，促进数据标准化的深入研究和应用推广，并为数据挖掘、存储和分析处理的市场化运营提供政策和法律支持。最后，以需促用，积极引导大数据挖掘和数据分析等数据管理的产业化发展，通过数据资源资本化，促进数据价值的合理共享和利用。

第四，智慧城市建设的基本保障在于信息安全，需要健全法律法规、标准体系、技术资源体系。通过加强制度保障、重视信息安全技术培育来切实提高智慧城市建设的安全可控水平。通过顶层设计和统筹协调，建设统一、完善的智慧城市安全保障体系；建立信息安全等级保护制度和安全风险评估体系；制定信息安全总体实施规范和不同行业的应用指南，建立信息安全责任体系；鼓励地方制定在智慧城市建设项目中优先选择安全可控解决方案、产品和承建商的政策。首先，要构建全社会协作参与的信息安全体系；其次，要设立全方位的信息安全管理制度；最后，确保信息保密和信息开发之间的平衡。国家机密、商业秘密和个人隐私需要保护，应通过加强立法与执法强度保护国家秘密与个人隐私不受侵害。即使对真正的"机密、秘密、隐私"信息，多数情况下也可以通过某些技术手段进行"去隐私化"处理，既屏蔽掉其中的隐私内容，又保持其商业价值。

第五，智慧城市建设的一个重要领域是建立智慧应急体系，提高城市公共安全水平。城市规模越大，城市中的公共安全隐患越多，城市越脆弱。一旦发生公共安全事件，人员财产损失规模巨大。因此，智慧城市要高度重视城市应急体系建设，将城市应急体系建设作为智慧城市建设的重要领域，针对城市公共安全的威胁和隐忧，尽早规划、尽快实施、保证落实，建立智慧应急体系，确保人民生命财产安全。

"十三五"时期及 2030 年中国发展情景分析

李雪松[*]

非常高兴，有幸在南昌市青云谱区参加由中国社会科学院城市发展与环境研究所以及江西省社会科学院联合主办的"2015 中国智慧城市论坛"。本次论坛的主题是打造未来城市的新形态，我主要从未来的宏观经济发展趋势给大家做一个背景分析，这也是我主要的研究领域，在此基础上结合城市发展谈一下智慧城市建设问题。特别是党的十八届五中全会通过了《中共中央关于国民经济与社会发展第十三个五年规划的建议》，习近平总书记对建议做了说明，对于"十三五"时期以及更长远一点的 2030 年中国经济发展，我想从三个方面谈：第一，准确把握战略机遇期内涵的深刻变化；第二，

---

    * 李雪松，1970 年生。时任中国社会科学院数量经济与技术经济研究所副所长，研究员，博士生导师。

"十三五"及 2030 年中国经济发展情景预测；第三，加强供给侧结构性改革，防范金融风险。

一 准确把握战略机遇期内涵的深刻变化

"十三五"时期我国发展的国际环境。在未来一段时期内，中国是否仍然处于重要战略机遇期这一问题广受关注。重要战略机遇期这个概念是在 2002 年党的十六大报告中提出来的，当时提出来综观全局，21 世纪头二十年对我国来说是一个必须紧紧抓住并且可以大有作为的重要战略机遇期。当时提出的 21 世纪的头二十年，就包含 2020 年，包含"十三五"期间。当时提出的背景，就是中国在 2001 年加入世贸组织，从 2003 年到 2007年，国际金融危机之前这一段时期，是美国、欧元区以及日本经济快速发展的时期，中国抓住了这样一个全球化的机遇，实现了迅速的发展。但是金融危机以后，国际经济陷入低迷，我们是否仍然处于重要战略机遇期？党的十八大以及十八届三中、四中、五中全会认为我国仍然处于可以大有作为的重要战略机遇期。但是重要战略机遇期的内涵发生了深刻的变化，这个变化在党的十八届五中全会关于"十三五"规划的建议中，被概括为五个方面。

一是国际金融危机的深层次影响在相当长时期仍然存在，世界经济在深度调整中曲折复苏。这是经济方面。

二是贸易方面,全球经济贸易增长乏力,发达经济体纷纷实施"再工业化",贸易保护主义抬头。所以这个内涵的变化,使我们不可能通过出口的加速增长,来实现类似过去战略机遇期的发展,需要转变经济发展方式。

三是新一轮科技革命和产业变革蓄势待发。我们知道德国提出工业4.0,美国实施再工业化,韩国提出造业创新3.0,中国提出《中国制造2025》。当前,为了摆脱金融危机,发达经济体纷纷抢占科技革命和产业变革的制高点。中国在"十三五"规划建议中也提出创新驱动,在这一点上是很合适的。所以中国完全可以通过对接发达经济体,利用创新驱动的战略,通过企业海外的兼并、重组,来迅速提升技术水平,缩小和发达经济体科技的差距,这对于我们是一个重大的机遇。

四是全球治理体系深刻变革,发展中国家力量增强,国际力量对比逐步趋向平衡。新兴经济体特别是中国和印度发展迅速,加速了这一平衡的实现。

五是地缘政治复杂变化,传统安全威胁和非传统安全威胁交织,外部不稳定不确定因素增多。自2015年以来,乌克兰危机、叙利亚危机相继发生,恐怖主义危险此起彼伏,世界面临局部战争的威胁,这种不稳定和不确定的因素远远超过预期。

综合来看,如果看一下国际经济的情况,在整个"十三五"

时期，美国、欧元区和日本经济的增速，低于金融危机之前的水平。尽管美国的经济增长将高于欧元区，欧元区高于日本，美国可以维持年均2%左右的增长，欧元区维持年均1%的增长，日本维持0~0.5%的增长。这样的增长速率，主要是来源于技术进步的贡献，资本的形成和劳动力的贡献是很弱的，甚至是负的贡献。但是这种增长率仍低于金融危机之前的水平，2003~2007年，中国快速增长，拉动了周边国家，包括日本、韩国、澳大利亚和资源型国家如俄罗斯、巴西、中东的发展。中国的发展，拉动了发达经济体和周边经济体的发展，欧美经济体的发展也拉动了中国经济的发展，在当时是这样一个状态。

未来五年，发达经济体将处于低速增长的态势。金砖国家如俄罗斯和巴西这种资源型的经济体，在美元升值预期加强的情况下，2015年经济陷入了通货紧缩的境地，出现了负增长。未来五年，巴西、俄罗斯仍将处于2%~3%的增长区间，只相当于发达经济体的增速水平。金砖国家2003~2007年的快速发展不可持续。在未来五年中，像巴西、俄罗斯这种资源依赖型的国家，经济将变得非常脆弱。

俄罗斯和巴西这些资源依赖型的经济体，在经济形势好资源价格高的时候，尽管提出了产业多元化战略，但是结果不理想。因为在资源价格高的时候，没有企业愿意放弃利润去进行其他行业的开发和发展。当资源价格跌入低谷的时候，再想搞产业多元化已经没有优势了，也难以做起来。中国的资源型省份情况类似。而未来五年，金砖国家中的中国和印度将保持中高速发展，在全球经济体中仍然属于中高速发展。印度的经济增速，有可能在未来五年超过中国经济，达到7%～8%的年均增长水平，中国维持6%～7%的增长水平，这样一个中高速的增长水平，在全世界来说，仍然是相当高的。

全球贸易增长也是乏力的，由于世界贸易组织的谈判陷入停滞，而区域性的贸易组织又有封闭性。例如，美国主导的《跨太平洋战略经济伙伴关系协定》谈判具有明显的区域内的封闭性，对于其他经济体有排斥。所以未来五年中，全球贸易增速将下降到2%～3%的水平，只相当于2003～2007年贸易增速6%～8%的一半左右。这样一种水平，就使世界经济变得更加封闭了，而不是更加开放了。与此同时，未来五年世界经济和贸易的不景气，将给中国带来不利的影响。但是同时，任何问题都有两方面。中国经济在全球世界中的份额将增多，发达经济体发展变慢不利于我国的出口，但是有利于相对份额的增大。2015年11月30日，IMF执董会批准人民币加入特别提款权（SDR）货币篮子，就是对中国经济发展和改革开放战略的认可。中国的人民币已经成为全球第三大货币，仅次于美元、欧元，在这个篮子中超越了英镑和日元的权重。因为我国出口比较弱，人民币对美元有贬值的预期，但是对其他货币仍然是强势的，所以人民币对一揽子货币仍然是强势的，尽管对美元是贬值的，因为美元过强，我们没有必要跟随美元过强，人民币走势更多地要依靠市场。

在"十三五"期末，人民币跨境收支占我国全部本外币跨境收支的比例将超过三分之一，人民币将成为一种国际性货币。"十三五"时期，随着股票发行注册制的推进与证券监管的加强，着力打造健康发展的资本市场的目标得以确立。MSCI是美国著名指数编制公司，2015年摩根士丹利资本国际公司宣布中国A股暂未被纳入MSCI新兴市场指数，因此目前中国的A股还不是它的成分股。新兴市场指数不包含中国股票指数，表面是不完整的。目前包含在纽约上市的中资概念股的一部分，但是没包含A股，但趋势表明，包含A股是迟早的事情。所以从这样一些事例来看，中国在全球的地位已经相对提升了。但是要看到，如果通过贸易促进中国的发展，这在短期内很难实现。这是第一个问题。

二 "十三五"时期及2030年中国经济发展情景预测

对经济发展进行预测，在经济学中，主要利用生产函数的模型。我们通过对技术进步的测算，用一个索洛经济增长模型进行调整，中国现在产能过剩比较严重，引入产能应用率和环境投资，对环境治理的投入难以直接产生GDP，但是成本是要付的。

把这两个要素引入以后，调整索洛原来的经济增长模型，我们进行了一些估算。估算结果表明，"十三五"时期，中国经济增长年均将保持在6.5%左右，有的年份高于6.5%，有的年份低于6.5%。到2030年，逐渐下降到5%多和4%多的水平。在增长较快和增长较慢的情景下，我们做了三种情景预测。这个报告在2015年初已经提交给中财办。习近平总书记在关于"十三五"规划建议的说明中指出：国内外主要研究机构普遍认为"十三五"时期我国年均经济潜在增长率为6%～7%，这跟我们的预测也是完全一致的。在三种情景下，2016～2030年，经济增速逐渐下降，中国经济进入新常态。因为从邓小平南方谈话以来，中国经济的增长一直非常强劲，其中有三次经济增速下降都是源于外部的冲击。第一次是亚洲金融危机的冲击，第二次源自美国的国际金融危机的冲击，第三次是2012年欧债危机的冲击。在第三次欧债危机冲击以后，中国经济增速没有恢复到8%以上的水平，这不同于亚洲金融危机和国际金融危机冲击以后，中国经济很快又恢复了高速增长。在欧债危机之后没能恢复的原因在于中国劳动力市场发生了结构性变化。中国债务杠杆率高企，内部结构的变化和外因的冲击相结合，使得中国经济进入新常态，不可能再恢复到或者说很难再恢复到8%以上的增长。前两次冲击，当时中国经济没有进入新常态，所以经济恢复到8%以上的增长。劳动力市场的结构性变化以及中国债务率的高企是中国经济进入新常态的一个主要影响因素。与此同时，第三产业在经济中的比重在经济进入新常态以后加速上升。预计到 2030 年，第三产业在经济中的占比将达到 60%，第二产业的占比将下降到 31%。而产业结构的变化，在中国有一个重要的特点，就是第三产业的劳动生产率仅为第二产业的 70% 左右。

举一个例子，在 2014 年，中国第二产业的全员劳动生产率，是人均产出增加值 11.5 万元，第三产业只有 8.1 万元。这样一个人均增加值，其工资占一半左右。剩下的一半，就是政府的税收、企业的利润，还有固定资产的折旧。中国的第三产业劳动生产率低于第二产业，所以现在第三产业占比越高，中国的经济增长率就越低，这是一个结构性的减速。在第三产业中，有没有劳动生产率高的行业呢？当然是有的，比如金融业、保险业、电信服务业、教育、卫生产业。这些产业的劳动生产率是高于当前第二产业人均 11.5 万元的，但是这些行业存在严重的行政垄断。国务院常务会议提出，在"十三五"时期，要开展现代服务业，打破垄断，加快现代服务业的发展，提升第三产业的劳动生产率，从而提高中国的产业增长水平。

习近平总书记在"十三五"规划建议说明中指出：今后要保持 7% 左右的增长速度是可能的，但是面临的不确定因素比较多。这是针对一些学者认为的未来 20 年中国可以保持 8% 以上的增长的回应。习近平总书记认为，7% 左右的增长速度是可能的，但是面临的不确定因素比较多，有四个不确定因素。

一是未来一个时期，全球经济贸易增长将持续乏力，我国投资和消费需求增长放缓，形成新的市场空间需要一个过程。

二是在经济结构技术条件没有明显改善的情况下，资源安全供给、环境质量、温室气体排放、减排等约束强化，将压缩经济增长空间。所以第二条，正是打造未来城市新形态，即智慧城市论坛中一个重要的强约束，也是中国社会科学院城市发展与环境研究所的重点研究领域。也就是说，环境质量、温室气体减排约束强化，不可能再以资源的大幅浪费和环境的破坏为代价来维持高增长。

三是经济运行中还存在其他风险，如杠杆率高企、经济风险上升等，这些都对经济增长形成了制约。根据日本和韩国的经验，在经济杠杆率很高的情况下，经济增速一旦减缓，很容易产生金融危机。

四是随着经济总量的不断扩大，增长速度可以相对慢下来，这是一个基本规律。所以习近平总书记在"十三五"规划建议说明中就指出，国内外主要机构普遍认为，"十三五"时期我国经济年均潜在增长率是6%～7%。这和我们的情景预测也是一致的。

到了"十四五"时期，2021～2025年，中国将进入高收入国家行列。高收入国家行列按照世界银行的标准，人均 GDP 为

1.26 万美元, 中国在"十四五"期间将进入。但是要成为发达经济体, 首先必须是高收入国家, 同时还必须是科技比较发达的国家。比如沙特, 虽然是高收入国家, 但并不是发达国家。所以中国要在"十三五""十四五"时期大力提升科技水平, 为邓小平同志提出的第二个百年目标——成为中等发达国家奠定基础。到 2030 年, 可以建成一个共同富裕、初步发达的国家。到 2030 年, 中国的人均 GDP 可以达到 3.3 万美元, 相当于 2030 年的时候全世界 50 多个高收入国家中非 OECD 成员国的人均 GDP 水平。到 2030 年, 高收入国家中有 20 多个 OECD 国家, 它们的人均 GDP 可以达到 8.4 万美元, 中国可以达到 3.3 万美元, 这跟它们的人均收入还是有很大的差距。但是经济总量, 在"十四五"期间将位列世界第一, 人均水平到 2030 年可以达到高收入国家中非 OECD 国家的水平, 以及其他三十多个高收入国家的平均水平。

三 加强供给侧结构性改革, 防范金融风险

中央财经领导小组第 11 次会议, 在党的十八届五中全会召开之后不久即行召开。此次会议提出了重要的政策方向, 在适度扩大总需求的同时, 着力加强供给侧结构性改革。针对当前中国经济存在的突出问题, 包括产能过剩、成本高企、楼市库存增

多、金融风险加剧等，中央提出加强供给侧改革。但是加强供给侧改革，并不是不实施需求侧的政策。仍然要适度扩大总需求，要防止经济增速下滑过快，导致金融风险的加剧。具体内容就不再讲了，总体而言，中国经济未来的发展前景是光明的，但是任务非常繁重。在发展的过程中，我们对"十三五"及2030年的情景预测也是一种假设，和平发展仍是整个世界的主题，不发生世界大战，中国不发生系统性金融危机的假设条件下，中国的经济增长速度逐渐有所下调，是符合经济规律的，但是要避免发生系统性金融危机。一旦发生金融危机，经济就会陷入停滞。现在俄罗斯、巴西货币大幅度贬值，金融动荡，中国要避免这种情况的发生。我觉得我们党集中全国的智慧，是有能力实现未来的发展目标的。

在供给侧改革方面，一是要大力发展新经济，推动战略性新兴产业更好更快发展；二是要大力促进消费升级和现代服务业发展。

"十二五"期间我国战略性新兴产业年均增速接近20%，2015年战略性新兴产业收入规模接近20万亿元，战略性新兴产业增加值占国内生产总值的比重约8%，比2010年提高一倍以上。战略性新兴产业不仅成为引领区域经济发展的先锋队和主力军，而且在新能源、生物技术、新一代信息技术及高端装备等领域形成了领跑全球的中国方阵，对推动我国经济结构调整和产业转型升级发挥了重要作用。尽管我国战略性新兴产业发展取得了显著成就，但总体上还不大不强，发展中也暴露出现有政策措施不到位、落地不够，行业监管及相关法律法规滞后，技术、人才、资金等要素支撑不足以及部分行业无序发展甚至出现产能过剩等问题。加快发展战略性新兴产业是新形势下我国供给侧结构改革的必然要求。要紧紧把握全球新科技革命和产业变革蓄势待发、国际科技分工格局调整的重要时机，采取力度更大、针对性更强、作用更直接的措施解决上述问题，进一步挖掘战略性新兴产业发展的潜力，释放战略性新兴产业发展的活力，从而为整体经济增长做出更大贡献。

随着经济社会的不断发展、产业结构的持续调整和居民收入的持续较快增长，我国居民消费正在进入新时代。消费正在重塑经济增长新亮点，为拉动经济增长提供巨大动能。除了消费总量增长，消费结构也出现明显变化。要实现"十三五"经济增长预期目标，需充分认识"新常态"下消费升级和现代服务业发展的重要意义，不断推进供给侧改革，突破制约消费升级和现代服务业发展的供给瓶颈。一方面，要使消费升级和现代服务业成为稳增长、惠民生的支撑力，成为中国跨越"中等收入陷阱"、促进经济发展水平迈向中高端的市场保障；另一方面，使消费升级和服务业发展成为供给侧改革的牵引力，围绕消费升级和现代服务业需求的变化推进去产能、去库存、去杠杆、降成本、补短板等结构调整任务，实现供给结构与需求结构相匹配，形成新的发展动能。

大数据：智慧城市建设的核心动力

姜　玮[*]

一　大数据和智慧城市

（一）大数据时代的来临

近年来，大数据（big data）一词越来越多地被提及，人们用它来描述和定义信息爆炸时代产生的海量数据。大数据又被称为巨量数据、海量数据、大资料等，指的是所涉及的数据量规模巨大，以至于无法在合理时间内通过人工截取、管理、处理并整理成为人类所能解读的信息。这些数据来自方方面面，比如传感器采集的气候信息、网站上的帖子、数字照片和视频、购物交易

---

[*]　姜玮，江西省社会科学院党组书记，研究员。研究方向为区域经济、公共管理与执政党建设。

记录、手机 GPS 信号等。大数据无处不在。以视频监控为例，北京目前用于视频监控的摄像头有 50 万个，一个摄像头一个小时产生的数据量就是几个 G，每天北京市的视频采集数据量在 3PB 左右，而一个中等城市每年视频监控产生的数据在 300PB 左右。

大数据作为云计算、物联网之后 IT 行业又一大颠覆性的技术革命，与信息化、智能化、数字化以及智慧城市建设息息相关，把握大数据的背景、特点、趋势，对于更好地推进智慧城市建设具有重要的意义。

（二）智慧城市内涵

智慧城市就是以五大基础数据库（人口、法人、宏观经济、地理信息、综合信息）为支撑，利用"通信网、物联网、互联网"等通信电子技术，搭建统一规划的城市智慧信息共享平台，定义并标准化中心平台与各个业务部门的业务模型和通信接口，最大限度地整合基础设施建设资源，充分共享智慧城市信息，为政府、企事业单位、市民提供便捷的信息服务。智慧城市是基于庞大数据基础与统一平台的生态系统，具备信息共享、系统协同以及智能应用的特征。智慧城市的本质是对数据的智慧处理，从某种意义上说，可以将智慧城市看作一个大数据系统，城市要实现智慧和智能，必须有大数据支持，实时、全面、系统的数据采集和实时是智慧城市的基础。

从智慧城市的体系架构来看，由于智慧城市的基础在于物联网技术，因此智慧城市体系架构和物联网的体系架构相似，也可分为感知层、传输层、平台层、应用层。感知层是智慧城市体系对现实世界进行感知、识别和信息采集的基础性物理网络，海量的数据在感知层产生。智慧城市相对于之前的数字城市，最大的区别在于对感知层获取的信息进行了智慧的处理，因此也可以认为智慧城市是数字城市的升级版。由城市数字化到城市智慧化，关键是实现对数字信息的智慧处理，核心是引入大数据处理技术。当前，我国智慧城市发展进入规模推广的阶段，充分认识大数据对智慧城市建设的关键作用，对我国加快智慧城市的发展具有重要意义。

二　大数据时代下智慧城市的特征

（一）全面的物联性

在大数据时代，智慧城市更强调在物联网这些基础设施上的"协同运作、全面整合、激励创新，并且具有一定的自我学习、自我成长和自我创新能力"。智能传感设备将城市公共设施物联成网，对城市运行的核心系统进行实时感测。"物联网"与互联网系统完全连接和融合，将数据整合为城市核心系统的运行全图，提供智慧的基础设施。感知终端及一些感知摄像头像是触角一样的存在，全面地感知社会中的每一种状况。建立基于智慧的基础设施，可以使城市里的各个关键系统和参与者和谐高效地协作，达成城市运行的最佳状态。

（二）高效的共享性

在智能城市建设中，数字化是基础，网络化实现了信息资源的互联，而最终实现城市智能化的关键在于信息分享。我国智慧城市发展的一个瓶颈在于信息孤岛效应，各政府部门间不愿分享数据，造成数据之间的割裂，无法实现数据的价值。目前，有识之士也逐渐意识到单一的数据是无法发挥最大效能的，部门之间相互交换数据已经成为一种发展趋势。同时，随着各方面的发展及政策的推进，很多以前不公开的数据也逐渐公开了。在大数据背景下，智慧城市建设就是注重对数据进行深入的整合、分析、挖掘和开发利用。在实际智慧城市建设的基本操作层面，必须强调数据的共享共用，打破部门信息壁垒，解决信息孤岛问题，形成一整套数据共享体系，从而为公众提供完整、全面、便捷的基础服务。

（三）深入的智能性

大数据是智慧城市各个领域都能够实现"智慧化"的关键性支撑技术，智慧城市的建设离不开大数据。大数据遍布智慧城市的方方面面，从政府决策与服务，到人们的衣食住行，再到城市的产业布局和规划，直到城市的运营和管理，都将在大数据支撑下走向"智慧化"，大数据将成为智慧城市的引擎。在大数据背景下，智慧城市不仅涉及技术层面，还涉及政治、管理、文化方面，更强调为民服务的思想。未来，要通过智慧城市营造和谐、美好的城市生活环境，使整个城市像一个有智慧的人那样，具有较为完善的感知、认知、学习、成长、创新、决策、调控能力和行为意识，使绝大多数市民都能享受到智慧城市的服务和应用。

三　大数据引领智慧城市发展

（一）持续为城市未来的发展指明方向

智慧城市的运营会产生大量数据，大数据也支撑着智慧城市的建设和发展。在智慧城市的发展过程中，大数据技术的创新从局部开始促使相应管理制度和体系的变革，改变了城市的基本形态，实现了城市化由工业社会向信息社会的转变。而城市社会形态的改变反过来又促使技术进一步成熟。城市发展不断转型升级，信息化水平逐渐提高，与城市发展相匹配，实现城市资源共享和协同，正是城市实现智慧的标志。

在城市的经济、社会、环境、服务的发展中，充分利用大数据技术能够智慧地感知、分析、集成和应对城市在发展过程中面临的问题与需求，既能够提供一种可持续发展的方式，提供高效的基础设施，也能够为居民创造健康的、愉快的、安全的生活环境，从而帮助企业在全球竞争中提升优势，促进城市可持续的繁荣。

（二）实时为城市的管理和服务提供智能化的引导

大数据来源于城市发展的方方面面，特别是来源于政府对城市管理的过程之中，如公共管理、电子政务、监控系统、社会保障等，并且随着城市信息化基础设施的健全和完善，数据的深度和广度随之拓展，各种类型的数据都变得可收集、可感知。大数据主要通过数据挖掘，将形成的知识和信息进行传递、操作和信息化组织，进而加入决策过程中。比如在交通管理方面，实时挖掘道路交通、关键事件、天气、物流等信息，可以快速响应突发状况，为城市交通的良性运转提供科学的决策依据。在城市规划方面，研究者通过调用经济、社会、文化、人口等人文社会信息以及地理、气象等自然信息并对其进行深度挖掘和整合，为城市规划提供强大的决策支持，提升城市管理服务的科学性和前瞻性。

（三）全方位为智能家居和人们的活动提供坐标

在家庭领域，利用大数据的最佳途径就是智能家居，智能家居其实是一个家用的小型物联网，需要通过各类传感器，采集相关的信息，并通过对这些信息的分析、反馈，实现相关的功能。在具有物联传感功能的智能家居产品中，大数据和云计算扮演了非常重要的角色。智能家居是人们生活的管家，而智能家居智能功能的实现实际上靠的是数据的处理能力。用户使用物联传感智能家居通过智能移动终端就可以随时随地登录云平台，查看智能家居状况、修改策略、查看系统建议、进行远程控制等，并向其发送指令或接受相关信息。云平台极大地方便了用户的使用，为用户带来更好的体验。云赋予智能家居设备前所未有的计算能力和"成长"能力，能够第一时间对用户家庭中的智能设备的数据、信息进行有效分析、存储，并将得到的相应规律应用于智能设备，提升智能家居的智能效果。

（四）不断为城市经济协调发展提供支撑

城市经济发展面临着日益严重的资源和环境压力，迫切要求科学发展的新理念、新思路、新技术。在此背景下，大数据技术在生产领域和智慧城市的应用，可以提高信息技术对经济发展的贡献率，转变经济增长方式和结构，推动产业结构优化升级，使经济发展更具"智慧"。现在已经进入大数据时代，全球所有信息数据中90%都产生于近两年，大数据在两个方面体现出最重要的价值：一是促进信息消费，加快经济转型升级；二是关注社会民生，带动社会管理创新。大数据不仅会带动我国产业在国际竞争中实现超越，还会推动传统产业升级发展。大数据下的智慧城市发展，将具有带动服务业消费升级转换的能力，形成节约资源和保护环境的空间结构、产业结构、生产方式、生活方式，推进环境保护与经济发展的协调融合。合理调配、使用资源，达到资源供给均衡，实现资源节约型、环境友好型社会和可持续发展的目标。

四 大数据下的智慧城市：让城市生活更美好

(一) 政府管理效率提升

大数据将极大地提高智慧城市政府部门的决策效率和服务水平。在城市规划方面，通过对城市地理、气象等自然信息和经济、社会、文化、人口等人文社会信息的挖掘，可以为城市规划提供强大的决策支持，强化城市管理服务的科学性和前瞻性。在交通管理方面，通过对道路交通信息的实时挖掘，能有效缓解交通拥堵，并快速响应突发状况，为城市交通的良性运转提供科学的决策依据。在舆情监控方面，通过网络关键词搜索及语义智能分析，能提高舆情分析的及时性、全面性，全面掌握社情民意，提高公共服务能力，应对网络突发的公共事件，打击违法犯罪。在安防领域，通过大数据的挖掘，可以及时发现人为或自然灾害、恐怖事件，提高应急处理能力和安全防范能力。

案例1：法国里昂市用大数据治堵

IBM 的研究者与法国里昂市合作开发能缓解道路拥堵的系统方案。IBM 为里昂开发的系统名为"决策支持系统优化器"（Decision Support System Optimizer），基于实时交通报告来侦测和预测拥堵。当交管人员发现某地即将发生交通拥堵时，可以及时调整信号灯让车流以最高效率运行。这个系统对于突发事件也很有用，如使救护车尽快到达医院。而且随着运行时间的积累，这套系统还能够"学习"过去的成功处置方案，并运用到未来预测中。

案例2：西雅图用大数据节电

西雅图市与微软和埃森哲试点大数据节能项目。项目基于微软的 Azure 云计算平台，将收集和分析来自四个城区建筑管理系统的数百个数据集。利用预测分析工具，大数据系统将能找出可行的节能措施，目标是将耗电量降低 25%。

2. 企业科学化决策

大数据处理将决定企业的核心竞争力。掌控数据就可以支配市场，意味着巨大的投资回报。在大数据时代，企业通过收集和分析大量内部和外部的数据，获取有价值的信息。通过挖掘这些信息，企业可以预测市场需求，进行智能化决策分析。有研究显示，在美国公司，数据智能化率每提高 10%，产品和服务的质量就会提高 14.6%。整合各个行业各环节的大数据，可以实现以产品需求预测驱动优化资源配置，协调产品生产、运维、销售环节，提升企业经营管理水平，为投资决策提供参考。

案例 1：ZARA 用大数据分析消费需求

大数据的核心就是对庞杂的超大规模数据资料进行分析，从而可以更准确地进行预测，这必然引发商业变革。以欧洲快销时尚品牌 ZARA 为例，该公司通过对消费者登录网店的数据进行分析，找出最受欢迎的产品，作为实体店的推荐参考，效果非常好。同时，在实体店及网店中不停地收集消费者反馈，比如"我喜欢这个图案""我讨厌这个扣子"等，所有信息都通过销售经理反馈给数据处理中心，最终各种信息都将被分类处理，成为设计、生产、销售的指引。ZARA 借此将销售收入提高了 10%。

案例 2：亚马逊用大数据分析提升运营效率

亚马逊通过大数据，让客户真正感受到个性化服务。网络购物虽然不是面对面的，但是也可以有很好的客户体验。每个客户只要开始在网上购物，其页面就由客户来设计，亚马逊根据客户的点击精确判断客户对哪一类商品感兴趣，然后对客户感兴趣的商品进行智能化推荐。大数据帮助亚马逊把正确的商品摆在架上。公司通过运用大数据，通过对调拨、干线运输和最后一公里运输进行智能化管理实现"还未下单货在途"。针对中国市场的特殊性，亚马逊做了一些改变：在二、三线城市率先推出了"当日达"服务，在一百个城市推出了"次日达"服务，另外还推出了"定时达"服务以及在一些城市推出晚间服务。亚马逊还推出了微信订单管家和包裹跟踪服务。

3. 居民生活智能化

大数据将提高城市居民的生活品质。与民生密切相关的智慧应用包括智慧交通、智慧医疗、智慧家居、智慧安防等，这些智慧化的应用将极大地拓展民众的生活空间，引领智慧城市大数据时代智慧人生的到来。大数据是未来人们享受智慧生活的基础，将改变传统"简单平面"的生活状态，大数据的应用服务将使信息变得更加泛在、使生活变得多维和立体。

案例：杭州市大力推进智慧城市建设

作为住建部首个通过验收的数字城管试点城市，杭州市数字城管运行6年多来，取得了显著成效，逐步形成了数字城管"杭州模式"。2014年3月，杭州市城管委正式推出一款名为"贴心城管"的市民手机应用，这也是全省首个城管APP应用平台。这款智能终端APP的应用包括"我来爆料""找找车位""便民公告""便民服务""找找公厕"等8个功能模块，不但可以让市民参与城市管理，还可以为市民提供各类公共服务信息的查询服务。为切实缓解"就医难"，减少排队等候时间，杭州市在市级医院试点推出"智慧医疗"诊间付费服务，杭州市民只要将自己的市民卡开通"智慧医疗"服务，看病时在医生诊间就可以付费，大大减少了排队时间。

五　大数据下智慧城市实现途径

当前，大数据概念还限于对海量数据处理、存储等技术市场的描述，要将其具体应用到社会实践中，其存在的不确定性也非常大。真正将大数据应用到我国智慧城市的建设中还有很长的路要走。

（一）科学的顶层设计

建设智慧城市，要做好顶层设计与统筹规划，防止一哄而上。当前在推进智慧城市建设时必须进行统筹规划，要减少各个部门各自为政甚至盲目建设的现象。智慧城市是城市化与信息化的产物，因此智慧城市的建设需要与城市现有的发展水平相结合，需要与当地的整体规划、经济产业、人民生活的实际情况相结合。

要处理好政府与市场的关系，让市场起决定性作用，政府则根据其要求搞好规制改革，并吸引大众参与建设，推进市场调节与政府引导共同作用的机制的建设与完善。

科学规划，明确智慧城市建设需求和目标。根据不同地区的特点以及智慧城市发展的不同阶段，准确定位智慧城市发展目标，提出有针对性的解决方案。

（二）制定标准体系

智慧城市标准体系可分为技术标准和应用标准，对于已有且广泛应用的标准应尽可能地沿用，同时要以实际应用为指导，结合国情和产业发展现状，对标准体系进行动态调整，推进技术标准和应用标准体系建设。

对住建部提出的智慧城市评价指标体系进行进一步的修订和

完善，听取各方意见，形成完整、科学的评价体系，并做好智慧城市建设评估工作。

加快我国信息化法制建设，为智慧城市标准建设创造法制化的环境。

（三）信息资源整合共享

智慧城市的建设首先需要一个"智慧政府"，大数据使数据共享成为可能，政府各个部门的既有数据库可以实现高效互联互通，从而极大地提高政府各部门间协同办公的能力。

强化对大数据建设工作的组织协调，打破地区和部门间的数据壁垒，实现数据资源联合共建、广泛共享。建立政府和社会联动的大数据形成机制，推动政府数据公开共享，推动公共数据资源的开发利用。

完善信息共享系统。针对共享的信息资源通过专业的基础架构实现不同数据的快速查询、统计、关联等操作，为政府各级领导和各业务应用对象，提供有效的支撑业务应用、为领导决策提供参考，并实现内外部的信息共享。

（四）城市管理机制创新

创建智慧城市运营和管理的长效机制以及相应的配套体制和法制环境，激发社会力量参与智慧城市建设的积极性和创造性，推进智慧城市建设进程。

推进政务信息公开，推行政府网上办事，收集、分析和挖掘社会政务服务需求，推进公共服务个性化和政府决策智能化。

支持公共服务机构和商业机构开放与社会民生密切相关的公共数据。推进国民经济各行业和企业数据开发，发展商业智能。鼓励开发服务于大众的大数据应用，提升智慧生活品质。

（五）大数据商业模式创新

加强政府部门在管理和服务过程中对数据的主动采集，建立政府大数据库。鼓励企业和商业机构加强对生产经营活动中的数据采集，形成覆盖生产过程和商业各环节各流程的数据库。

推进无线识别技术、传感器、无线网络、传感网络等的运用。

大力促进大数据普及应用。在政务方面，重点选取医疗卫生、食品安全、港口物流、智慧交通、公共安全、科技服务等具有大数据基础的领域，建设大数据公共服务平台，强化大数据在智慧城市建设应用系统中的应用。在商业化方面，实施典型应用示范工程，建立行业应用和商业服务大数据公共服务平台，提供数据挖掘分析和商业智能等大数据应用服务。推动大数据在生产过程中的应用，鼓励有条件的企业运用大数据开展个性化制造，创新生产管理模式，提高企业竞争力。

（六）解决人才需求

出台大数据产业发展与应用发展规划，建设大数据产业基地，出台专项政策，成立产业发展基金，搭建研发创新平台，吸引三大电信运营商、知名大数据企业以及互联网领军企业落户，吸引优秀人才。积极培育本地大数据企业，进一步培养和引进大数据专业人才、领军人才、应用型人才，重点培养数据获取、存储等技术人才。

当前数据分析和管理人才十分紧缺。大数据需要既懂得 IT 又懂得 DT 应用的复合型人才，因此也要求大专院校设置相应的专业，并大力发展职业教育培养专业人才。

互联网 + 招商引资

——打造智慧招商引智云空间

王智邦 *

非常感谢中国社会科学院提供了这样一个平台，让我能有幸和大家一起探讨智慧城市产业链上的重要组成部分——智慧应用。今天我要和大家一起分享的是《互联网 + 招商引资——打造智慧招商引智云空间》。

一 传统招商引资方式及其面临的困境

先看表 1，了解传统招商引资方式及其面临的困境。

很多从事相关工作的人都有过招商引资的经历，详细的内容不再赘述，只讲重点。

* 王智邦，中国国际招商引智网创始人兼总裁。

表 1　传统招商引资方法的缺点及困境

方　法	缺　点	困　境
小分队驻地招商	门难进、脸难看、商难招、时间成本高	
会议会展招商	招商会变身旅游会，人力、财力成本高	
客商口碑招商	由于人脉资源制约，招商效果非常有限	
中介奖励招商	中介与多家招商局签有协议，谁付费就服务谁	
海外考察招商	海外考察作用不大，并且国家出台新的规定	
优惠政策招商	投资人越来越理性，优惠政策吸引力越来越小	因为信息不对称，不知道投资商在哪儿
招商局网页招商等	处于信息孤岛，没有大数据和云技术，效果差	
	传统招商模式基本都是在国内打转	
招商的介质	**缺　点**	
精美宣传册	固态资料传播有限，客商无法获取动态信息；	
光盘、U 盘、硬盘	无法获取动态招商信息或获取信息成本太高；	
报纸、电视	传播受众有限、信息量太少、无法与客商互动；	
项目册	无法开发潜在客户，招商成效不明显等；	
	因为信息不对称，70% 的时间和经费用于寻找投资客户	

首先，传统招商引资的渠道。

一是靠亲戚、朋友、老乡、客商的介绍，或者举办活动。在这种情况下，人脉资源很有限。二是在互联网上搜索相关企业，与其联系，上门拜访，这种方式是比较盲目的。两个渠道具有一定的共性：基本在圈内打转，很难精准开发潜在客户。造成这种困难的原因是信息不对称，这两种渠道把 70% 以上的时间和经费都花在了寻找投资客户上，不仅浪费时间和金钱，而且错失了无数的重要信息和投资良机。

其次，招商引资工作中的认识误区。

误区一：招商引资只能在网下开展。

正解：招商引资的首要工作是解决"招、投"双方信息不对称的问题。互联网、大数据、云计算是实现信息对称的最好工具。需求方在网上找客户，客户也在网上找需求方。所以，招商引资首先要"腾云驾网"，运用网络介绍城市或园区的招商环境、投资项目、优惠政策等，让目标客户即时、方便获取招商企业的相关信息。

误区二：政府网站＝园区网站＝招商网站。

正解：政府网站的主要功能是政务公开，受众是本地市民，内容是市民关心的话题，而招商网站的主要功能是招商引资，受众是各地客商，内容是客商关心的要素。

误区三：招商局/园区＋互联网＝互联网＋招商引资。

正解：招商局/园区＋互联网＝招商局/园区信息化。招商局/开发区建设的招商引资网站，只是将招商引资信息放到了网页上，还是传统的招商局/开发区，依然是个"信息孤岛"，并且不具备网店的购买、交易、支付等功能，投资商无法知晓更多的信息；同时，因为没有招商云技术和庞大的客商数据，不能实现资源匹配，无法开发潜在客户。互联网＋招商引资就是加入第三方平台，也就是说招商局/园区入驻一个国内外领先的互联网招商引资专业平台（比如中国国际招商引智网），把招商局/园区作为全球招商引资的一个节点，将招商信息作为整个互联网的资源和工具，供全世界来匹配和使用，并与入驻的平台共享海量数据，实现在全球范围内配置资源，精准开发潜在客户。就如企业虽然有自己的网站，却还需要在阿里巴巴、京东等平台上开设网店，从而实现交易功能、扩大销售总量一样。

二 招商引资新解及创新招商引资模式

（一）重新认识招商引资

招商引资就是营销城市，招商局就是政府的营销部。主要营销城市的招商环境（软环境和硬环境）、比较优势、优惠政策、招商项目等，包括公共资源、公共产品、公共服务，表现形式为招商项目，招商对象主要是企业和高端人才。

招商局作为政府对外传播品牌、营销招商环境、发布招商项目的部门，只有运用市场的法则、行业的规律开展工作，才能取得好的招商效果。

招商引资的竞争主要是投资客商信息资源的竞争，投资客商信息资源的竞争实质上是大数据的竞争。

（二）招商引资三部曲

第一部曲：招商环境推介与客户信息获取；第二部曲：投资客户对接与商务考察洽谈；第三部曲：促成项目落地与提供增值服务。其中，第一部曲获取投资客户信息是整个招商引资工作的前提，也是招商局/开发区面临的瓶颈。投资商通常来自两个群体：你认识的和认识你的。个人的人脉资源毕竟是有限的，所以必须让更多的客户认识自己。所以，招商引资首要的工作是通过各种渠道，尤其是互联网推介自己的投资环境、招商项目、优惠政策和比较优势等，让更多的投资人认识自己、了解自己、联系自己、投资自己。

（三）创新招商引资模式

从招商引资到招才引智。顾名思义，招商引智就是"招商引资＋招才引智"，简称"双招双引"。招商引资是地方经济发展的重要途径，起到"输血强身"的作用；招才引智是地方经济发展的动力保障，起到"造血强体"的功效。

互联网＋招商引资。"互联网＋"已经成为国家经济社会发展的重要战略。互联网＋招商引资就是利用大数据、云计算来实现招、投双方信息精准匹配，资源高效对接。

招商引资首先是通过"腾云驾网"，实现信息对称。互联网正在改变着我们的工作、生活以及社会的方方面面。人们获取信息的主要渠道是互联网。经济领域的敏锐点、最先进最前沿的技术，首先在网上出现。资金、项目和人才的主要流通途径也是网络。

互联网把世界连成了一个虚拟的地球村，消除了时间、空间、语言、国别等的限制，密切了信息互动，把城市、园区、企业、个人带向世界各地，形成了众多五彩缤纷的、流动的"网上城市""网上园区""网上企业""网上个人"，连成了一个虚拟的全球市场，彻底突破了传统城市、园区、企业的概念，改变了城市、园区的空间结构、产业结构与管理结构，无形中延伸了城市、园区空间，扩大了城市、园区的规模，加速了城市、园区、企业的再次开发和利用，给经济、社会、文化等领域带来了巨大变化，影响着城市/园区的兴衰，改变着全球城市体系，城市/园区面临新的挑战和难得的发展机会。

不管你喜不喜欢，互联网就在你身边。你不在路上，可能就在网上；即使你在路上，也许同时也在网上。不管你接不接受，"网上城市""网上园区"正在崛起。你的城市、园区流动在世界各地的电脑里、手机里、移动设备里……所以我们要精心经营两个城市和园区：现实世界的物理城市和园区及虚拟世界的网上城市和园区。

未来的企业大部分会成为互联网企业，企业的投融资模式变了；物联网正在重构全球产业布局，产业链条的结构变了；智能制造、3D 技术的应用，使企业生产方式和区域布局变了；人工智能、虚拟现实颠覆生态链，使企业的商业模式和人们的消费方式变了；大数据、云计算联系着各行各业，现如今数据才是最有价值的资产；随着智慧城市建设的推进，政府角色正在发生改变……产业与互联网正在全面融合，形成新型业态产业互联网，将颠覆传统的产业、行业，并重新定义行业规则。招商引资若用传统的思维和方法就行不通了。

招商局、开发区必须转变观念，创新模式，用互联网思维，通过"腾云驾网"，与投资商同频共振，利用"互联网 + 招商引资"来实现招、投双方信息精准匹配，资源高效对接，开发潜在客户，招到理想客商。

"互联网 + 招商引资"将成为招商局/开发区做好招商引资工作的必然选择和标准配置。

三　创新招商引资模式的探索和实践

（一）关于中国国际招商引智网

中国国际招商引智网是全球领先的互联网招商引资、招才引智云空间。本空间利用自有的"招商云"技术和海量的专业数据，365 天 24 小时在线，实现"政府·企业·人才""项目·资金·知本""政务·商务·产业"的互联互通、资源共享、智慧对接，协助政府精准招商引资、企业科学投资融资、人才高效创新创业，被誉为永不落幕的招商会（见图1）。其角色定位是政府招商引资的助手、企业投资融资的帮手、人才创新创业的推手。

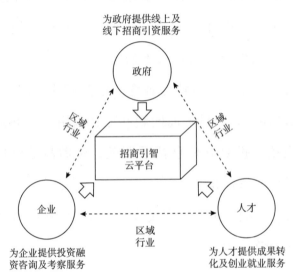

图1　中国国际招商引智网招商模式

（二）中国国际招商引智网的主要功能及优势

作为国内领先的专业招商引资服务机构，其具有以下优势。

1. 创新的招商引资平台

中国国际招商引智网围绕一个空间（招商云空间）、两条主线（区域和行业）、三方平台（政府、企业和人才），建设信息互联互通、资源优化匹配、供需智慧对接的云空间。各地招商局、园区、投融资企业及相关服务机构和精英人才入驻空间，即可共享海量数据，全球配置资源。

2. 海量的企业机构资源

平台拥有1300多万家分行业、分区域、分重点、分类别的企业数据库，涵盖中央企业、地方国企、跨国公司、海外华商、金融机构、中外商协会、科研院校等，招商局/开发区入驻空间即可共享企业数据，其中部分企业就是招商的潜在客户。

3. 精准的信息发布渠道

中国国际招商引智网搭建了专业、科学、精准的信息发布及资源共享对接云空间，设置了"区域项目""行业项目"等专业数据库，利用大数据、云计算等新一代信息技术，高效解决招、投双方信息不对称的问题，帮助政府、企业、人才全天候、标准化发布和对接相关需求。在国内同类网站中日更新信息量最大、点击率最高。

4. 共享的线上线下团队

线上＋线下团队＝立体招商。在全国各省尤其是重要的地级市设有专业的服务团队及信息员，其成员都曾经供职于国家机关、重要媒体、科研院校、知名企业和商会协会等，拥有较为全面的理论和专业知识，在政商界、学术界、传媒界等拥有广泛的人脉资源和丰富的实战经验。加盟平台即可免费共享线上线下专业团队服务。

5. 全面权威的专家智库

中国国际招商引智网与中外科研咨询机构建立了广泛的合作关系，汇聚了数十万国内外顶级专家，涉及各行业产业、各研究领域，可为城市/园区创新发展、企业科学投融资等提供领先的战略思想、决策咨询、技术指导和实战服务，是促进地方经济社会可持续发展的动力保障。已为北京、浙江、四川等省市的部分城市/园区提供制定战略及产业发展规划服务。

6. 独有的前沿核心技术

自主研发的"招商云"技术，能够实现政府、企业、人才三方互联互通，帮助招商局/开发区通过浏览记录和了解客户关注的重点，把招商项目定向投递给相关企业，使潜在投资商与招商单位实现智能匹配，高效开发潜在投资客户，突破招商单位信息枯竭的瓶颈。

（三）为各地政府招商引资提供的主要服务

主要帮助政府招商引资：招什么？去哪招？怎么招？

1. 线上服务

各地招商局和各类园区，可以利用中国国际招商引智网建设"网络招商局/网上开发区"，经营两个城市和园区，告别"信息孤岛"，联通国际市场，共享海量数据，配置全球资源，开发潜在客户。

（1）为投资促进局/招商局组建网络招商团队——网络招商局

各地政府的投资促进局/招商局可以利用中国国际招商引智网的空间和技术，建设"网络招商局"，组建网络招商团队，使招商队伍遍布全世界。

（2）为各类园区开设专业招商网店——网上开发区

全国各类园区（包括经开区、高新区、工业集中区等）入驻中国国际招商引智网，开设专业招商网店——"网上开发区"，打通引资通道最后"一屏米"（眼睛到屏幕的距离）。

（3）建设城市专属项目库

为全国各级城市建设"城市专属项目库"，把招商引资的触角伸向全世界。通过独有的"招商云"技术，把招商项目定向投递给目标客户。

与中国国际招商引智网合作有什么优势呢？

政府自己建设的招商网站，一是信息传递不全面，投资商很难知晓；二是缺乏"招商云"技术，缺乏浏览痕迹、定向投递、智能匹配等开发潜在客户的功能；三是即使能开发出招商云技术，成本也非常高，加之没有庞大的专业数据库，也很难实现相关的功能。

招商局、开发区与中国国际招商引智网合作后，共享平台线上及线下的资源，日常维护及技术升级由中国国际招商引智网负责，节省了大量的时间和经费。

2. 线下服务

（1）联合举办招商引资活动

充分利用本平台全球资源优势，为城市、园区在北京及其他地区联合举办相关招商引资、投融资考察等活动，使"招投"双方零距离交流对接。连续成功承办三届"中国国际投资贸易洽谈会——商务部投资促进局重点项目推介会"、浙江丽缙科技产业园（北京）推介会等活动，成功推介浙江省桐乡市、浙江丽缙科技产业园、新疆库尔勒国家级开发区、四川眉山机械产业园、四川泸州国家高新区、四川都江堰市、四川宜宾县等城市和园区。

（2）开展招商引资专题培训

为各地政府招商引资部门、各类园区、商会协会等讲授招商引资、行业发展、产业布局等专题知识，培训专业招商队伍。已为北京、天津、内蒙古、河北、四川等地投资促进系统讲授"创新政府招商引资及企业投资融资模式""互联网＋招商引资""大数据招商引资"等课程，培训近万名招商引资工作人员及企业高管。

（3）制定城市/园区战略及产业发展规划

以平台"专家人才库"汇聚的国内外各领域顶级专家、学者为依托，与中外知名科研咨询机构合作，为城市/园区提供战略及产业发展规划（多规合一）、招商引资策划等咨询顾问服务。与中国社会科学院城市发展与环境研究所合作为浙江丽水市、四川眉山机械产业园等制定战略及产业发展规划。

（4）共建或托管创新创业园

与全国"双创"策源地——中关村海淀创业园/中国北京（海淀）留学人员创业园合作，在全国共同建设创新创业园（连锁孵化器），共享本平台和北京留学人员创业园/中关村海淀创业园的资源。为地方政府输出成功的创业园（孵化器）建设管理新模式，帮助创业者选择创业项目和创业目的地，并提供终身成长服务，提升创业成功率。合作模式：连锁加盟或委托代管运营。已在河北石家庄、秦皇岛、沧州，江苏南京、盐城，四川成都，山西太原，福建泉州，湖南衡阳等地设立连锁孵化机构。

（5）开展产业园区托管服务

为了提高招商引资的精准度和成功率，让更多的好项目尽快落地，政府可以委托本平台托管园区，代理招商引资业务，实现借力发展，快速发展。

（6）代理驻点招商办事处

城市/园区依托本平台驻全国各地的分支机构，委托设立驻点招商办事处，代理该地区招商引资工作，对接当地企业。

（7）政府财务顾问和企业投融资服务

本平台与国内外知名的投资机构合作，利用各类金融工具和各种金融产品，包括 PPP、产业基金、风投（VC）、私募（PE）、银行、保险、信托、债券、租赁、担保等，为地方政府、各类园区创新融资平台，提供金融综合解决方案，为企业提供投资、融资综合服务。已为北京、浙江、天津、河北等地方政府提供服务，交易金额逾百亿元。

（四）为企业投资融资提供的主要服务

主要帮助企业：投什么？在哪投？怎么投？

随着信息经济的高速发展，第四次工业革命将颠覆传统的工业思维，推动人类生活方式、企业生产方式和商业模式等彻底变革。全球产业布局正在重构，企业的投融资模式发生了改变，对企业选择投资项目和投资目的地提出了更高的要求。

1. 寻找优质投资项目

利用平台庞大的行业项目库、区域项目库、行业动态资讯，进行科学分析和研究，帮助企业选择有"钱途"的优质投资项目，避免因选错项目输在起跑线上。

2. 筛选最佳投资目的地

通过对全国各个城市和园区的招商环境、优惠政策、优势资源的分析，帮助企业选择最适合项目落地并具备快速成长能力的投资目的地。

3. 打通企业融资渠道

利用平台汇聚的各类金融机构，包括银行、保险、信托、证券、VC/PE、典当、担保、P2P、PPP、BOT、BT、TOT、TBT、BOO 等金融产品，为企业提供便捷高效的融资通道。

4. 遴选高新技术人才

利用本平台聚合的科研机构、高等院校所具有的各领域、各行业、各区域的"专家人才库"和高新技术，为企业提供专家顾问、专业人才、高新技术服务。

5. 提供专业咨询和培训

通过平台系统的产业研究报告、市场动态等，为企业提供经营管理咨询，提升工作效率和经济效益，跟上市场变化，化解产能过剩和产品过剩。

6. 提供中介及个性化服务

包括企业私董会、私诊会、企业体检、战略合作、企业注册、税务、社保、法律法规、知识产权、人力资源、海外投资等服务。

现在的企业面临着全球的竞争，投资越来越理性，传统的"感情牌"和一般的优惠政策对企业不管用了。平台系统制定科学投融资模型（见图2），帮助企业匹配有前途的好项目、最佳的投资目的地、优质的金融产品、前沿的高新技术和适合的专业人才等。

（五）为人才创业就业提供的主要服务

主要帮助人才创新创业：创什么？在哪创？怎么创？

1. 成果转化

本平台为专家学者、行业精英搭建了一个新技术和项目发布推

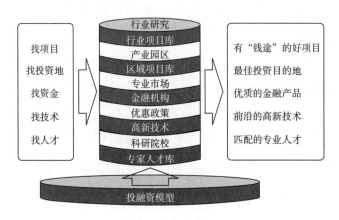

图2 投融资模型

广窗口。同时，利用平台汇聚的政府资源、中外企业及专业机构，帮助各类人才、科研单位快速转化研究成果，实现智力与资本的高效对接，提升科研成果的转化率，为社会发展做出更大的贡献。

2. 咨询服务

"不求所有，但求所用""一人可以身兼数职"。精英们可以借助本平台，利用自己的智力资本为政府、企业提供省时、省钱、省心的咨询服务；如果客户要咨询管理和技术等方面的问题，只需一个留言，平台就会为客户智能匹配，找到想咨询的专家，快捷地解决客户想咨询的难题。

3. 就业服务

"城市人才库" + "行业人才库"为应届大学生、留学生和社会精英搭建一个按行业、区域求职就业的窗口，更好地帮助各类人才理想就业，人尽其才。

4. 创业创新服务

为创业者提供一站式创业服务，包括创业项目的评估，使其赢在起跑线上；选择最佳创业地，使其具备更好的成长土壤；创业辅导，提升创业成功率；等等。

（六）招商云空间的主要功能

1. 创新的招商引资模式

以前的招商引资主要是吸管模式。平台采用"漏斗"模式，通过招商云空间可以实现"漏斗"的功能，让企业到最适合的地方投资（见图3）。有些企业不管怎么招商引资都很难招到，因为它的资源和企业的定位是不匹配的，通过这样的模式和空间，便可以进行智能匹配。

2. 开发客户从圈层到空间

传统招商引资寻找投资客户的渠道基本上是靠亲戚朋友介绍，在圈内打转，这种人脉资源非常有限。中国国际招商引智网从圈层到平台，从平台再到空间，全面开发潜在客户，可以实现

创新招商模式：吸管→漏斗

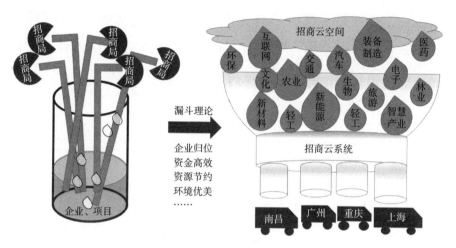

图 3 "漏斗"模式

排队接待考察的效果。平台和空间是有区别的，平台可以延伸，却无法复制，但是空间可以延伸，也可以复制。

3. 帮助企业从错配到归位

中国国际招商引智网在全国走访了上千个园区，园区内的一些企业不景气，有很多的僵尸企业。主要原因是什么呢？除了国际大环境外，主要原因是资源错配了，去了一个不适合的地方，那个地方不具备成长的"土壤"（软硬环境），所以在那个地方经营就很困难。通过云空间，中国国际招商引智网帮助企业找到更适合发展的城市或园区，企业就焕发了生机。其实，招商引资一个主要的理念就是企业空间的置换，把不适合 A 地方的企业搬到更适合它成长的 B 地方去。同时，为 A 地方引进更优质的新企业，也就是常说的"腾笼换鸟"。现在土地指标这么紧张，而僵尸企业的存在浪费了很多土地资源。只有笼子腾出来了，新鸟才能进得来。这是一举多得的事情（见图4）。

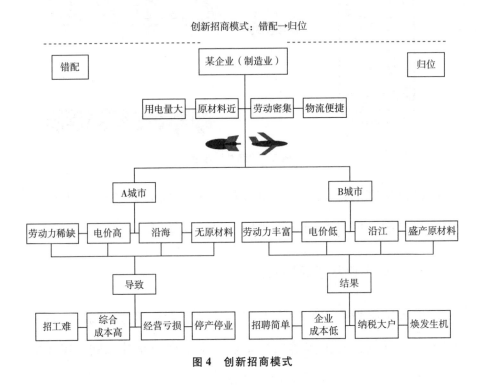

图4　创新招商模式

4. 联通实体和网络，告别信息孤岛，在全球范围内配置资源

很多专家都讲过"信息孤岛"，全国90%以上的城市建了政

府网站，有些还建有招商网站以及园区网站，但还是一个个信息孤岛，投资商无法知晓。中国国际招商引智网通过云空间，使城市和园区在这里聚合。在互联网时代，地球是平的，也是弯的，全球的城市在很多领域都站在同一个起跑线上，地域的劣势逐渐在弱化，以前东部地区可能有优势，现在西部地区一样有优势。入驻招商云空间，可以快速联通"虚实两个城市"，进入国际市场，开发全球客户。

　　智慧城市，智慧招商。我就和大家分享这些。谢谢大家！

互联网金融发展的前景、机遇与应对

宗 良 肖 睿*

借助云计算、大数据、搜索引擎等新一代高新技术，以支付结算、网络融资等为代表的互联网金融得到了快速发展。在对传统金融服务进行有益补充的同时，互联网金融对金融机构尤其是商业银行的发展也产生了较大冲击。商业银行应充分利用自身优势，加强同业、跨业合作，在应对挑战中不断转型升级。

一 互联网金融发展的基本特征

广义上讲，互联网金融是指金融、非金融企业借助互联网开展的金融服务。互联网金融的基本模式与传统金融业务类似，两

---

* 宗良，博士，中国银行首席研究员；肖睿，东南大学能源与环境学院院长，教授、博士生导师。

者存在较高的同质性，主要包括支付结算、网络融资、渠道业务、虚拟货币及其他（见表 1）。那么，互联网金融的特殊含义在哪里呢？它是把很多金融业务融为一体，包括支付结算、网络融资、渠道业务，甚至包括货币。特殊含义在于基于平台变化带来了金融服务方式的深刻变革。

表 1 互联网金融的基本模式及我国现状

模式	包含内容	行业特点	发展阶段	典型案例
支付结算	第三方支付	独立于商户和银行，为商户和消费者提供支付结算服务；可分为线上支付、线下支付和移动支付	正规运作期	支付宝、财富通
网络融资	P2P 贷款	投资人通过有资质的中介机构，将资金贷给其他有借款需求的人	行业整合期	人人贷、拍拍贷
	众筹融资	搭建网络平台，由项目发起人发布需求，向网友募集项目资金	萌芽期	点名时间网、天使汇
	电商小贷	利用平台积累的企业数据，完成小额贷款需求的信用审核并放贷	期望膨胀期	阿里小贷
渠道业务	金融网销	基金、券商等金融或理财产品的网络销售	期望膨胀期	余额宝、理财通
虚拟货币	虚拟货币	以比特币为代表的非实体货币，以提供多种选择和拓展概念为主	行业整合期	比特币
其他	周边产业	金融搜索、理财计算工具、金融咨询、法务援助等	萌芽期	财经道等

注：根据分类，互联网金融发展阶段从低到高可分为萌芽期、期望膨胀期、行业整合期、泡沫化低谷区以及正规运作期五个阶段。

资料来源：根据艾瑞咨询整理。

目前，我国互联网金融各类模式发展得并不均衡，主要呈现以下特征。

第一，第三方支付日渐成熟，移动支付发展迅速。第三方支付是指非金融机构作为中介提供的货币资金转移服务。数据显示，2015 年我国第三方支付交易总额达 118674.5 亿元，较 2014 年增长 46.9%。而同期美国第三方支付增长率不到中国的一半。

第三方支付在我国的快速发展与电子商务起源于客户—客户（C2C）模式有关。我国电子商务多为客户—客户（C2C）的模式，该模式存在严重的信息不对称问题和道德风险问题，为了解决这两个问题，需要第三方作为信用中介，第三方支付应运而生；而对于电子商务起源于商家—客户模式（B2C）的美国而言，由于 B2C 拥有完善的征信系统，直接支付的信用风险较小、安全性较高，所以，网上银行和收款人网站支付在美国的发展势头强劲。如 2001～2011 年，两种支付方式年均增长率分别达 18.23% 和 25.02%，而第三方支付仅为 4.91%（见表 2）。

表 2　美国支付网站分类及增速

单位:%

年　份	2001	2002	2003	2004	2005	2006	2007	2008	2009	2010	2011	平均
银　行	5.1	6.4	8.3	11.6	16.6	20.8	25.0	29.0	31.9	34.9	27.5	18.23
收款人	8.5	10.8	14.3	18.3	24.5	29.4	33.2	36.1	38.2	40.1	40.1	25.02
第三方	1.8	2.0	2.9	4.1	5.5	6.4	7.2	7.7	8.1	8.3	8.3	4.91

资料来源：Forrester's Consumer Techno Graphics 2002 - 2005；North American Benchmark Studies；Forrester's NACTAS 2006 Benchmark Survey；US Census Bureau.

从我国第三方支付发展趋势来看，其呈现从"线下"到"线上"，从"线上"到"移动"支付的发展路径。移动支付的发展值得高度关注，2015年，移动支付交易量达9.31万亿元，较2014年增长57.3%，占第三方支付总交易额的78.45%。

第二，网络融资发展迅猛，风险不断暴露。网络融资是指以互联网为媒介，满足经济主体融资需求的各种方式。目前，国内网络融资模式主要包括：P2P平台、众筹融资和基于自有电商的融资模式（见表3）。在利率市场化、金融"脱媒"的背景下，网络融资得到了快速发展。数据显示，2015年，我国P2P网贷交易规模已攀升至11805.65亿元，P2P网贷公司数量达1946家；2015年底，我国众筹融资平台达283个，比2014年全国正常运营众筹平台数量增长99.30%，是2013年正常运营平台数量的近10倍。截至2015年12月31日，全国众筹行业累计筹资金额近140亿元。

网络融资快速发展的同时，也不断暴露出风险。受限于征信信息匮乏、监管法规缺失，网络融资特别是P2P融资蕴含较大的风险。截至2016年6月，国内共有1347家P2P问题平台，涉及的投资人达到28.8万人，涉及贷款金额180.2亿元，主要问题包括提现困难、卷款出逃和经侦介入等。

表3 网络融资三种方式

	主要模式	典型案例
P2P（直接融资）	纯中介模式、"宜信"线下模式、有担保线上模式	拍拍贷、宜信、陆金所
众筹融资（直接融资）	多对一股权投资	众筹网、点名时间网
电商平台融资（间接融资）	类似于银行功能的间接融资	阿里小贷、京东商城

资料来源：作者整理。

第三，平台式电商成为互联网金融发展的主力军。平台式电商是指依赖非实体电子交易平台展开销售业务的运营商。平台式电商得以快速发展的原因主要是传统零售巨头与互联网金融的融合程度较低，为其发展提供了机会。传统零售巨头依赖物理网点优势，对开展网上销售的兴趣并不大，对于它们而言，销售收入主要来自实体店铺，线上店铺对于零售商的收入贡献有限，又需要额外的专业知识来维护线上运营。因此，对于传统零售巨头，网上销售更多的是起到宣传作用。而淘宝、天猫、京东商城等平台式电商统一为商户提供专业化服务，产生的规模效应降低了成本，成功抢得先机，在互联网金融中成功占据主力军地位。

而对比美国前10名的电商，却有9家是拥有经营网点优势的零售巨头（见表4）。也就是说，美国互联网金融则来自实体商铺的网上商城。与中国互联网金融的推动力量更多在于平台式电商有本质的区别，这要归因于中美市场的不同。

中国的市场高度集中，住户也高度集中，直接决定中间环节的成本要低得多。在中国，从北京邮寄快递到海南，成本大概15 元。这是因为中国具有集中化的市场，寄往同一目的地的快件很多，规模效应降低了成本。同样一个快件在美国收费则要高很多。因为市场分散，运往某一区域的快件可能只有一件。而东西本身的成本可能只要 10 美元，所以在美国通过平台式电商购买产品，发货成本巨大。基于此，实体店铺更具有竞争优势。

表 4　2015 年美国平台式电商排名

单位：亿美元,%

电商	主营业务	2015 年销售额	2015 年增长率
Amazon. com Inc.	量贩	1070	20
Staples	办公室设备	102	4.1
Apple Inc.	电脑/电子装备	52	23.0
Dell Inc.	电脑/电子装备	48	6.0
Office Depot Inc.	办公室设备	41	0.0
Walmart. com	量贩	41	17.0
Sears Holding Corp.	量贩	32	12.0
Liberty Media Corp.	电子商务	30	17.8
Office Max Inc.	办公室设备	29	3.0
CDW Corp	电脑/电子装备	27	10.0

资料来源：作者整理。

二　互联网金融的优势、风险及发展趋势

（一）互联网金融的优势

互联网金融能够填补传统金融服务的"盲区"，其优势主要

体现在以下三个方面。

首先,具有"草根"特征。传统金融服务具有"嫌贫爱富"的特点:对大资金客户往往给予 VIP、私人理财通道的便利,对大企业授信则会提供优惠利率;而为普通民众提供理财服务往往设置额度门槛,对小微企业贷款则收取较高的利息。与电网、自来水行业类似,互联网金融具有边际成本递减的特征,即只要平台搭建完毕,新增使用者的成本是极低的,并且随着用户的增多,还能产生规模效应、口碑效应。这就使互联网金融发展中存在一个有趣的正反馈现象:互联网金融由于成本低乐于吸引用户扩大规模,规模越大越容易吸引用户。这从本质上决定了互联网金融具有"草根"特征,更具有普惠性。而从市场的角度来看,2015 年 12 月,我国互联网使用人数已达 6.88 亿,普及率为 50.3%,手机网民规模达到 6.2 亿,占比提升至 90.1%,互联网使用规模在不断扩大,也就是说,具有草根特性的互联网金融正在面对更大的市场。在庞大的市场中,互联网金融可以满足众多消费额度较小、具有特殊需求的"长尾"客户的需求。

其次,拥有大数据特征。大数据就是海量数据,大数据的战略意义在于对数据信息进行挖掘、再造,使其具有价值,在这方面,互联网金融具有先天优势:一方面体现在数据储存能力上,工行的企业级数据仓库存储数据量已超过 350TB,而 2011 年"淘宝网"一周的数据存储量就达 350 兆;另一方面,互联网金融获取数据的类型也更具价值，商业银行获取的往往是结构化、交易结果数据，而互联网金融不仅能够获取结构化、交易结果数据，还能获得大量非结构化、交易轨迹数据，它们不仅能反映交易结果，更能反映交易过程，比如客户浏览过哪些商品、在商品前逗留了多长时间等。

最后，以客户为中心。以客户为中心主要体现在两个方面：其一，互联网金融打破了传统金融服务中物理网点、营业时间的限制，实现了对客户 24 小时跨市场、跨地区的服务；其二，强调客户体验，互联网金融强调交互式营销，突出了客户在享受服务过程中的主动性，针对不同客户推出不同个性化产品和服务。

（二）互联网金融发展的风险

目前，互联网金融在"野蛮"发展的同时，也暴露出一系列风险，主要体现在以下两个方面。

第一，对金融风险缺乏监管。互联网金融的本质还是金融，必然会面临如违约、价格波动、期限错配等传统金融风险。目前，监管部门对互联网金融派生出的金融风险尚未提出配套的监管要求，如准入门槛、合规要求（资本充足率、保证金、流动性比率等）。监管的缺失使互联网金融积聚了大量风险，截至 2015 年底，P2P 平台共有 3858 家，其中问题平台 1263 家。仅 2015 年 12 月，全国 P2P 就新增问题平台 106 家，"跑路"占问题平台的比例达到 52.83%。进入 2016 年问题平台数量迅速增多，截至 2016 年 2 月 29 日，问题平台共 2133 家，一年来问题平台持续增加，问题平台占总平台的比例高达 55.6%。在这些问题平台中，歇业停业的最多，达到 567 家；其次是失联和恶意"跑路"的，分别为 475 家和 460 家；提现困难的平台有 300 家；涉嫌诈骗的有 177 家；与此同时，以"余额宝""理财通"为代表的"T＋0"类活期存款理财产品，已经存在较大的流动性兑付隐患。

第二，互联网系统安全不容乐观。网络系统风险是互联网金融独有的。互联网金融的各种端口直接与外部网络连接，容易受到黑客和病毒的攻击。CNNIC 研究报告显示，2015 年有 42.7% 的网民遭遇过网络安全问题，在安全事件中，电脑或手机中病毒尤其是木马病毒的情况最为严重，发生率为 24.2%，其次是账号或密码被盗，发生率为 22.9%。网络系统风险大导致互联网金融当下面临十分严峻的网络安全问题，如杭州"跑酷金融"上线 6 天就遭到黑客攻击，被迫关闭；"余额宝"先后出现账户被盗刷、用户资料泄露等事件。

（三）互联网金融的发展趋势

第一，第三方支付、移动支付替代传统支付。第三方支付完美地解决了我国特殊的 C2C 电子商务模式中存在的严重信息不对称和道德风险问题。第三方作为信用中介克服了中国市场征信不足的弱点。同时，移动支付为客户提供安全便捷的支付服务，进而获得稳定的客户群体，为业务的进一步发展奠定了基础，这也是互联网金融时代的突破口。

第二，人人贷替代传统存贷业务。P2P 是一种"自金融"方式，在中国是一种普惠金融。中国的征信体系总体来讲还比较弱，但是基于大数据的互联网金融可以使互联网征信取得很大的发展。比如，一个中小企业想要贷款，银行传统存贷业务会考虑其还款能力、坏账风险，但这些评价指标很难得到，结局就是中小企业很难得到贷款。但是如果建立在大数据和互联网基础上，评审体系就简单快捷得多，能解决中小企业融资难的问题。

第三，以众筹替代传统证券业务。证券业务与众筹都是直接融资的方式，但是证券业务为整个融资流程提供中介服务，因此门槛较高。而众筹不需要中介，资金需求方与供给方直接、有机对接。在众筹模式下，融资门槛降低，效率得到提高。

第四，"互联网 + 金融""互联网 + 双创""互联网 + 中国制造 2025"，将带来一场新的工业革命。互联网代表的是一种新的发展，"互联网 +"将成为新浪潮和新的增长点，而金融体系作为国民经济的枢纽，势必与互联网的发展相得益彰，共同为中国带来一场新的工业革命。

三　互联网金融对商业银行的挑战

互联网金融的出现与发展，将加快金融脱媒、利率市场化进程，促使存款理财化，贷款证券化，更多的金融行为将从线下转到线上，商业银行的传统经营模式将受到冲击，具体体现在以下几个方面。

第一，中间业务。2015 年，第三方支付平台交易规模达31.2 万亿元，同比增长 33.91%。依赖低交易成本、便捷支付的流程，第三方支付挤占了银行的部分中间业务收入；更为重要的是，在获得收入的同时，互联网金融企业积累了大量信息，它们可对客户需求进行深入研究，不断提升服务的品质与竞争力。

第二，资金来源。目前，在利率中枢抬升、存款利率受到管制的背景下，商业银行面临着较大的资金流出压力。为弥补活期存款下降造成的资金缺口，商业银行纷纷推出理财产品吸引资金，但理财计划往往存在资金门槛较高、流动性较低、收益率相对不高的特点。"余额宝""理财通"等互联网理财产品，以其低门槛、随用随取、收益较高的特点，迅速吸引了大量用户。2015 年第三方支付平台交易规模达 31.2 万亿元，同比增长33.91%，其对银行资金来源，尤其是活期存款产生了明显冲击。

第三，信贷资源。在利率市场化、金融"脱媒"的背景下，商业银行"嫌贫爱富"的信贷模式将发生改变，资质较好的大型客户将转向直接融资，银行将向中小型客户转移，互联网金融将与商业银行争夺中小客户信贷资源。相较于商业银行基于传统财务数据等"硬信息"的风险管理系统，互联网金融基于客户"软信息"的风险评价体系与中小客户的特点更加兼容①。借助信息处理优势，互联网金融可有效提高信贷效率、降低融资成本，对银行信贷产生"挤压"。

第四，数据信息。第三方支付是一道数据"防火墙"，它阻隔了银行与实际交易的联系，造成银行交易数据的流失，进一步对银行数据挖掘能力产生不利影响：对于用户在支付宝等第三方支付平台购物的相关信息，银行只能获取交易金额，第三方支付平台"截流"了如商户姓名、产品分类、客户在每种产品上停留的时间等深层次信息。

四　商业银行的对策

面对互联网金融带来的冲击，商业银行应从挖掘自身潜力，寻求同业合作、跨业合作、突破创新三方面迎接互联网金

---

① "软信息"有别于传统的财务"硬信息"，它主要指不易通过数字量化的信息，比如个人消费习惯、兴趣爱好等。

融带来的挑战。

第一，挖掘自身优势。传统金融业具有先发优势，目前仍掌握着市场中绝大多数客户资源，商业银行应围绕客户、业务和系统优势，充分挖掘自身潜力，强调"一站式"服务；加强对互联网尚不普及地区服务的覆盖；利用资金、品牌优势，广纳具备金融和计算机复合背景的"高""尖""端"人才。

第二，加强同业合作、跨业合作。首先，商业银行应加强同业合作，推广"柜面通"合作模式，利用客户和系统的优势，建设、共享一个联盟电子商务平台，弥补数据领域的不足；其次，加强与互联网金融企业的合作，在合作中发挥比较优势，比如开发 P2P 平台、电子小贷、销售理财产品等，不断提升自身品质。

第三，寻求突破创新。首先，应进行组织构架创新，针对互联网金融与传统金融享受的不同监管待遇，通过制度安排绕开监管，如采用民生电商模式；其次，应加快产品创新，特别是在支付领域，如针对余额宝等理财产品，推出活期余额自动申购、短信赎回、线上/线下购物和还款业务自动赎回等独特业务。

第四，注重客户体验。首先，打破部门、条线的局限，进行信息系统再造，充分掌握客户的消费习惯和投资偏好，量身定做优质的金融产品与服务；其次，优化业务流程，综合运用网上银行、手机银行、微信银行，在保证账户安全的前提下，简化用户操作流程；最后，充分运用门户网站、视频网站、电子邮件等互联网平台开展全方位的营销，实现与客户之间的开放交互式接触，及时高效地满足客户需求。

江西智慧城市发展的路径探讨

"智慧地球"概念自诞生以来，正在以迅疾的速度改变着人们的观念，并且体现在智慧城市的发展上，得到各国极大的推崇。智慧城市是城市信息化发展的高级阶段，是在物联网、大数据、云计算等现代科技手段支撑下形成的一种新型信息化的城市形态。把握智慧城市的发展机遇，能够缩小数字鸿沟，促进区域经济社会的协调发展。中共江西省委第十三届十二次全会提出"十三五"时期总目标："提前翻番，同步小康"，与全国同步全面建成小康社会，而城镇化率的增长与发展水平的提升，是五化协同较为关键的环节。智慧城市在江西不仅得到国家级层面的试点推进，也将为江西新型城镇化的发展带来从观念到实践层面的全方位变革。

---

* 孙育平，江西省社会科学院城市经济研究所所长，研究员。

一 智慧城市带来的历史性变革

随着"互联网＋"、大数据时代的迅猛来临，智慧城市建设无可阻挡地成为我国城市化提速提质的巨大推手。我们正在迎来一场历史性的变革——城市发展思维、发展路径、发展模式与发展方式的巨大变革。智慧城市快速发展，具有以下显著特征。

（一）数字鸿沟将被缩小

传统的区位、资本、产业基础等经济优势，将在数字化的浪潮冲击下逐渐消失。新经济的增长更多的是依靠数据的收集、数据的结构化分析和运用等，从而实现产业结构的调整升级。淘宝、京东只是在电子商务领域的发展，已经给整个商业业态带来了巨大的冲击。相信智慧城市的推进，将使我国的制造业、服务业甚至农业发生创新性的变化。供给侧结构性改革的推进，同样要基于数字化的社会与经济形态，从而实现资源的优化配置与空间的高效转换。应该看到，欠发达地区利用智慧城市发展的契机，能够摆脱对传统经济增长路径的依赖，实现跨越式的发展。智慧城市为城市的均衡发展提供了难得的历史契机，东中西部、发达地区与欠发达地区几乎同时进入城市信息化、智慧化发展的高速公路。如果说到差别，只能说发达地区的"车辆"更为高档些。然而，上高速公路行驶要讲规则，而欠发达地区稍欠精良的硬件设施同样能够发挥出应有的效能。

（二）信息化进入转型发展时期

我国信息化经历了从初期摸索到目前的加速发展阶段。信息化的加速得益于现代电子、通信、网络科技的进步，得益于全球经济一体化与市场经济体系的完善。我国信息化的理念与概念正在发生重大的变化，包括国民经济产业、民众生活、经济与社会管理、城市运行等，在"互联网＋"、大数据、云计算的强力推动下，人类智能化、智慧化发展的时代已经到来。其中，智慧城市概念的提出和被广泛接受，将大大提升我国信息化的进程与发展水平。

（三）智慧产业将发生爆发式增长

传统信息化手段将发生根本性的改变，逐渐被新型的"互联网＋"、大数据、云计算、物联网等新技术手段所取代，由此而来的是信息产生的网络化、智能化、智慧化演进，业态与营商模式也将发生巨大的变革。智慧产业将呈现爆发式的高速增长，而且涉及经济社会发展的各大领域与各个层面。智慧产业是一种消除了信息死角的产业形态，将经济社会发展的各个节点联通起来，促进社会管理与经济活动的完美融合。智慧产业的边界也将逐渐模糊，制造业、服务业呈现融合发展趋势，新型产业业态将倒逼生产方式、生产关系的调整，进而可能引发社会治理结构的变革。

（四）城市管理体制与投融资方式将发生改变

智慧城市兴起，将借助新一代信息技术对城市管理功能、职能进行细分，创新城市管理与运行模式，传统的完全依靠政府管理城市的时代已经发生了重大的改变。智慧城市建设带动了智慧产业的蓬勃发展，政府作为市场的引导者与监管者，在智慧产业规划与智慧城市管理标准制定方面承担着重要的职责。而企业与城市居民，是智慧城市建设的投资人与城市管理的直接参与者，同样也是智慧城市建设的收益共享群体。政府、企业、市民三位一体，其协作程度决定智慧城市建设的水平与运行效率。

（五）智慧城市建设具有阶段性

智慧城市是巨大的系统工程，涉及城市从空间优化、产业结构转型到城市管理体制改革的全方位的调整升级。从国外经验看，智慧城市多是经历典型示范到整体推进的建设过程，坚持示范先行，依据城市发展特色安排试点区域或示范工程，逐步积累建设经验，并及时总结以利于推广应用。美、欧、日、韩等国重视调动社会各界尤其是市民参与智慧城市建设的积极性，努力实现智慧城市的整体推进，以取得良好的社会经济效益。而且，这些国家尤其重视"智慧城区""智慧社区"建设，发挥其典型示范与引领作用，循序渐进，由点到线，再由线及面逐渐推广社区与城区成功的经验，进而促进城市的信息化和智慧化水平。

二 江西智慧城市发展概况

江西智慧城市建设起步较晚，但提出建设智慧城市的积极性较高，推进速度较快，也取得了一定成效。由于江西处于试点建设的初期，存在的问题较多，需要理清发展思路，找准推进智慧城市健康发展的科学路径。

(一) 智慧城市建设推进较快

2013年1月，住建部公布了第一批90个国家智慧城市试点名单，江西省萍乡市、南昌红谷滩新区被列为试点城市。2014年4月，住建部公布了103个国家智慧城市试点名单，江西省的新余市、樟树市、共青城市、婺源县4地入选，此为国家第二批智慧城市试点名单。2015年4月，住建部、科技部第三批批复全国83个市、县（区）为2014年国家智慧城市试点名单，江西省鹰潭市、吉安市、抚州市南丰县、南昌市东湖区、南昌市高新区入选，至此，江西智慧城市试点城市达到11个。作为经济体量较小与人口偏少的省份，江西列入国家智慧城市试点城市的数量却比较多，如人口大省湖北省仅有 9 个。这与江西重视试点城市的申报工作，认真准备申报材料，突出申报城市的功能定位与发展特色是分不开的。而且从三个批次实际申报的过程看，江西城市拥有百分之百审核评比通过率，也在全国各省市区中独占鳌头（见表 1）。

表 1　江西省获批国家智慧城市试点城市名单

批　　次	时间	城市（市、县区）
第一批	2013.1	萍乡市、南昌市红谷滩新区
第二批	2014.4	新余市、樟树市、共青城市、婺源县
第三批	2015.4	鹰潭市、吉安市、抚州市南丰县、南昌市东湖区、南昌市高新区

（二）智慧城市建设特色鲜明

江西 11 个国家试点智慧城市在创建过程中，明确城市发展的着力点，找准城市智慧化发展的功能定位，以城市居民的需求为导向，以政府财政与社会资本投入为保障，创建了大批智慧项目，使城市建设与管理更加科学有效，试点城市居民的工作生活环境变得更加美好。江西 11 个智慧城市试点具有主体的多样性，既有设区市，也有县、市、区；既有老城区，也有城市新区，各主体之间自然条件、经济社会发展水平具有差异性，决定江西智慧城市创建不能选择单一固化的模式，而应根据自身条件与需求，探寻适合本城特点的智慧化发展道路，实现城市资源的优化利用与配置。如江西第三批国家智慧城市试点，就对城市建设与着力方向进行了明确的定位（见表2）。

表2　江西第三批国家智慧城市试点城市发展定位

城市（市、县区）	发展定位
鹰　潭　市	中小城市转型升级、构建和谐惠民的示范试点
吉　安　市	打造红色旅游新城示范试点
抚州市南丰县	特色产业县智慧发展的示范试点
南昌市东湖区	城市旧城更新的示范试点
南昌市高新区	工业园区智慧发展的示范试点

江西前两批国家试点智慧城市在创建过程中，注重建设理念与地方实际结合、注重顶层设计引领、注重突出城市本身特色、注重社会资源的充分调动，具有代表性，以"十二大应用"为主要内容有序推进智慧城市建设。

作为首批智慧城市试点，南昌市红谷滩新区立足新城区自身优势和战略目标，率先开展智慧城市顶层设计。通过召集海内外知名人士、专家、学者，以及科研机构、相关企业的人员共同商讨，制定出台红谷滩新区智慧城市建设的整体规划，在顶层设计上保障智慧城市建设的战略方向不出现偏差。红谷滩新区通过完善光网城市和以无线网络覆盖为基础的信息基础设施、城市基础数据库，以及具有新区特色的智能管网建设，构建了城市公共信息服务与智慧城管、智慧交通平台。通过物联网基础设施建设与综合应用，红谷滩新区争取打造成为生态文明建设样板城区，以及在全国领先的智能、低碳、宜居的先进示范区。

而同为第一批试点的萍乡市，是全国资源枯竭型城市转型的代表。萍乡市积极应对环境资源、城市基础设施建设、产业转型、民生改善、社会管理等多方面的严峻挑战，大力推进智慧产业功能区、智慧水务、智慧交通、智慧医疗等项目建设。结合"两老一枯竭"的城市发展现状，建设城区地面沉降和水位下降监测预警系统，积极推动国家海绵城市试点工作，城市环境与面貌发生了巨大改观。推动城市产业的智慧化管理，通过数字化与完善监控体系，构建鞭炮安全生产管理系统，实现全流程的安全监控。

第二批试点城市新余市，是江西著名的钢城，虽然智慧城市建设起步晚，但由于市领导的高度重视，加上有力的举措，新余市智慧城市建设处于领跑全省的地位。新余市发挥国家可再生能源建筑应用示范市的优势，通过开展"智慧规划""智慧城管""电子政务"等6项重点工程，加大具体项目的建设力度，不断完善"高速宽带、智能化、全覆盖"的智慧城市信息基础设施，加快推进两型社会建设。《中国智慧城市惠民发展评价指数报告（2015年版）》在2016中国智慧城市发展与合作年会上正式发布，新余市在全国地市级城市"智慧城市惠民"中名列第11位。该报告从智慧城市服务平台、惠民服务实现程度和惠民发展环境三个方面进行综合评分，新余市惠民发展环境指数排名靠前，与威海、嘉兴、莆田并列地市级城市第1位。

而樟树市作为"中国药都"，在智慧城市建设方面也独树一帜。樟树市根据本地产业与商业特色，在智慧医疗、智慧国土、区域物流商贸综合信息平台、政务公开与综合服务平台、智慧城市综合管理工程方面，开展了系列项目建设，取得了较大成效，为城市转型升级发展奠定了良好的基础。樟树市在智慧城市综合运营实践区的建设和管理方面，对智慧城市建设经验的总结与推广，进行了有益探索，做出了积极贡献。

婺源县立足"旅游强县"战略目标，围绕"中国最美丽乡村"品牌建设，积极开展智慧城市建设。婺源县紧盯发展的重点，开展了智慧旅游产业功能区工程、智慧政务、智慧农业、智慧城市云计算数据运营中心建设。婺源县尤其突出智慧旅游，通过信息化、网络化、数字化改造，构建数据处理中心等，探索婺源旅游资源科学开发，积累旅游管理创新实践经验，构建以诚信体系为核心，以旅游管理创新实践为目标的建设工程。共青城市则开展了智慧城市云服务中心、城市管理创新信息服务平台、智慧水务、智慧交通等方面的建设，建设成效逐渐显现。

在创建国家试点智慧城市过程中，江西还以智慧社区建设为重点，推动智慧城市专项试点。2016年初，南昌市红谷滩新区两个项目入选国家智慧城市专项试点，分别是城市公共信息平台及典型应用和城市网格化管理服务；新余市智慧城市的顶层设计以绿色为重，将能源与环境监测管理作为智慧城市建设重点项目；宜春市数字城管系统采用先进技术，构建了高水平的系统平台。

江西一些未列入试点的城市也将智慧城市建设写进地方发展战略，积极探索新模式。如赣州市章贡区，作为全国首批信息消费试点城市之一，提出了"服务＋管理"智慧社区建设模式，已建成涵盖政务服务、企业生产管理、交通管理、农业信息化、公共事业等领域的公共信息服务平台。目前，省有关部门正在帮助更多的城镇社区入选国家创建智慧城市单项示范试点名单。

3. 重视智慧城市建设的顶层设计

江西智慧城市建设能够取得一定成效，关键在于全省上下重视对智慧城市建设的顶层设计，通力合作，协同推进。2014 年 8 月，省住建厅、省发改委和省工信委联合印发《关于推进江西省智慧城市建设的指导意见》（以下简称《意见》），提出了"科技引领、以人为本，因地制宜、规划先行，创新机制、资源整合，示范带动、有序推进"的基本原则，并确定了发展目标、主要任务、保障措施。《意见》要求通过设施智能化改造和各类系统的整合，构建基于统一网格的"大城管"格局，建立城市全要素、全过程、全动态、可视化、空间化的智能化管理新模式。《意见》制定了发展目标：到 2016 年，全省电子政务公共平台将基本建成，到 2018 年，主要管理对象和服务事项智慧化应用覆盖率达到 50%。届时，政务网上办理将成为主流方式，全省网下办理比例控制在 10% 以内。到 2020 年，50% 以上社区实现智慧社区标准化建设，建立健全可持续发展社区治理体系和智能化社会服务模式，建立完善的社区服务体系。

为让全省各地在推进智慧城市建设时有规可依、有章可循，江西省在全国率先制定了《智慧城市建设基本指导目录（试行)》（以下简称《指导目录》）。《指导目录》围绕城市管理、公共服务等重点领域，制定了智慧城市建设内容指标体系。《指导目录》将智慧城市建设内容分为 4 个一级目录、43 个二级目录，涵盖信息化基础设施、产业发展、城市管理、公共服务等重点领域。建设内容按照轻重缓急分为"必选"和"可选"两大类，供各地在智慧城市建设实践中参照执行。文件明确提出，智慧城市建设不能"贪大求全"，要结合本地城市发展的难点问题和老百姓迫切需要解决的热点问题推进；智慧城市要建设以光纤为主要载体的固定宽带网络；对城市重点场所和道路实现高清视频探头的覆盖；整合公安、交通、城管等监控视频图像信息资源，推进社区、单位视频资源接入、共享和应用，满足城市综合管理需要。文件同时还提出，在提升城市规划的信息化水平方面，要创新城市空间布局和规划建设模式，提升城市规划设计水平，并利用信息化手段提高建筑管理、房产管理、城市历史文化保护等水平。在城市管理方面，将通过设施智能化改造和各类系统的整合，构建基于统一网格的"大城管"格局，建立城市全要素、全过程、全动态、可视化、空间化的智能化管理新模式。建设城市级智能化管控中心，实现城市关键运行系统状态自动感知和事件智能处理，提升城市运行效能和突发事件应急响应能力。

（4）江西智慧城市建设面临的主要问题

体现在以下六个方面：一是缺乏全省整体推进的组织领导架构。智慧城市建设是复杂巨系统工程，需要强有力的组织体制做保障，强化规划的制定与执行。二是数据的收集与共享通路不畅。试点城市的行政分割形态不利于各级行政管理机构的沟通与数据分享，城市智慧管理大数据的库源难以构建，因而影响到智慧城市的体系构建与功能发挥。三是部门、行业利益垄断导致数据壁垒。没有完整的社会经济数据链条做支撑，智慧城市建设犹如空中楼阁，只能停留在概念或形式上。四是城市管理的智慧化程度偏低。目前的智慧城市建设多着力于办公自动化、电子政务、综合治安监控等传统领域，由于数据壁垒与封锁，数据的结构化分析与智能化运用难以推进，各地的思路与做法固化在传统的城市信息化应用推广阶段，还缺乏现代城市管理的智能化、智慧化意识，行动上也显得滞后。五是智慧城市建设投融资模式有待深入研究。PPP 模式虽然广泛运用，但也涉及公共数据安全、财政负担加重、管理职能模糊等诸多问题。六是居民参与智慧城市共建共享机制有待加强。

三　加快江西智慧城市建设的路径探索

江西应该把握智慧城市建设的发展机遇，走一条既符合客观规律又具有江西特色的智慧城市发展道路。

1. 系统化推进智慧城市建设

智慧城市建设是一项系统工程，涉及智慧城市交通、智慧城市产业、智慧城市环保、智慧城市民生、智慧城市政务管理等诸多方面。要明确发展思路、原则与目标任务，形成科学化的评价体系，制定详尽的智慧城市建设发展规划。首先必须加快智慧城市标准的制定，要在充分试点总结经验的基础上，结合国家对智慧城市建设的要求，确定符合江西发展实际的智慧城市建设标准。在智慧城市标准确立的条件下，则应该制定智慧城市发展规划，各地城市规划应涵盖智慧城市建设内容，没有的要尽快修编补充完善。市政项目建设要留有智慧城市连接的后台，构建数据信息接受、反馈、共享的通路与节点。从调研情况看，构建城市统一的数据管理指挥中心十分必要，不仅有利于数据的集中采集、分析、调用，也有利于政府、社会组织集中于统一的平台，协同开展城市与社区管理，提高运行效率。

2. 促进新一代信息技术应用与城市发展的结合

新一代信息技术如云计算、大数据、物联网的运用，将给智慧城市建设以强劲动力。要加快工业化与信息化的融合，加快城市化与信息化的融合，以信息化的提速促进江西工业化与城镇化发展进程。要围绕省委提出的打造"国家级大数据产业发展基地""信息江西"建设的战略目标，创新投融资体制机制，利用政府智慧城市建设基金引导、社会资本参与方式，加大城市信息基础设施建设的力度。要把信息经济、智能制造、智慧产业，作为加速智慧城市经济发展的新增长点。

3. 以智慧旅游擦亮江西智慧城市名片

智慧旅游是推进江西"旅游强省"战略的重要抓手，也是江西智慧城市建设的共同品牌、共有名片。整合江西文化、自然景观、生态旅游优势资源，以旅游产业数字化的发展理念，联通全省的旅游资源网络，进行大数据的综合管理与运用。把江西绿色、红色、古色旅游资源以数字化、网络化方式无障碍地呈现给目标客户。同时通过大数据、云计算等应用平台，对全省旅游市场进行动态监测与分析，推动旅游市场的数字化管理，促进旅游企业的数字化营销。充分利用智慧旅游系统，为国内外游客在江西观光、休闲、体验式旅游提供便利，提升江西旅游品牌的美誉度。注重与国内外旅游数据网络公司及电商的合作，形成江西大旅游市场发展的新格局。

4. 促进智慧城市与绿色低碳发展方式的结合

充分利用国家生态文明先行示范区建设的政策优势，在智慧电网、智能环保监测、智慧照明、智慧楼宇、智慧管网、智慧交通等领域，探索具有江西特色或首创价值的城市绿色智慧发展新模式，以抢占智慧城市建设的制高点。如江西光伏产业、LED绿色照明产业、电子信息产业等，在全国都具有市场竞争优势，应该充分发挥新能源、电子信息产业的优势，把产业优势与智慧城市建设紧密结合起来，形成低碳经济在推进智慧城市建设方面的江西经验，为打造美丽中国江西样板做出贡献。

5. 打造特色化的智慧城市

谨防千城一面，智慧城市不应该抹杀城市成长的个性与特色。如江西第三批入选的试点城市，就有明确的智慧城市建设功能定位与拓展重点，南昌市高新区列为工业园区智慧发展的示范试点，鹰潭市列为中小城市转型升级、构建和谐惠民的示范试点，吉安市列为打造红色旅游新城示范试点等。从江西三批国家智慧城市试点的经验看，对试点城市进行功能与角色定位，既有符合现实发展需求的考虑，也有国家试点价值的典型意义，而且提出特色智慧城市建设更容易为政府财力配套和城市经济体系所支撑。

6. 政策供给做保障

政府应以改革创新为动力，强化现代城市发展与管理理念，加强智慧城市建设的顶层设计，提供较为充分的政策保障。江西省发改委、住建厅、工信委共同下发的《关于推进我省智慧城市建设的指导意见》以及省工信委在全国率先制定的《智慧城市建设基本指导目录（试行）》，为11个试点城市提供了重要的制度安排、建设标准、实施保障，也是部分试点城市取得较好成效的重要政策依据。从调研的实际情况来看，江西智慧城市建设有必要加强自上而下的管理体制建设，智慧城市建设卓有成效的城市，主要在于地方主官对该项工作的重视，进而能够强有力推进，协调城市各职能部门利益，使基础数据的采集、分析与管理能够在统一的平台上进行并能实现数据共享。同时，也要注重自下而上的智慧社区建设，社区是智慧城市的基本单元，看智慧城市建设工作是否扎实、是否具有整体性，可以看社区的组织架构、管理水平、市民参与积极性。

智慧城市

——当代中国新型城市建设的主题之一

李 迅[*]

2014 年 3 月中共中央、国务院发布了《国家新型城镇化规划（2014—2020 年）》，明确提出"加快绿色城市建设、推进智慧城市建设、注重人文城市建设；以此顺应现代城市发展新理念新趋势，推动城市绿色发展，提高智能化水平，增强历史文化魅力，全面提升城市内在品质"。2016 年 2 月中共中央、国务院发布的《关于进一步加强城市规划建设管理工作的若干意见》明确提出，"推进城市智慧管理。加强城市管理和服务体系智能化建设，促进大数据、物联网、云计算等现代信息技术与城市管理服务融合，提升城市治理和服务水平。加强市政设施运行管理、

---

[*] 李迅，中国城市规划设计研究院副院长兼党委副书记、中国城市科学研究会秘书长。

交通管理、环境管理、应急管理等城市管理数字化平台建设和功能整合，建设综合性城市管理数据库。推进城市宽带信息基础设施建设，强化网络安全保障。积极发展民生服务智慧应用。到2020年，建成一批特色鲜明的智慧城市。通过智慧城市建设和其他一系列城市规划建设管理措施，不断提高城市运行效率。"在推动新型城市建设过程中，智慧城市建设成为其主题之一。

一 "推进智慧城市是当代中国新型城市建设的主题之一"

现代城市建设进程从工业文明之后开始，已有200多年历史。城市发展具有自身的规律。城市应该让人们的生活更美好。但是现代城市出现以后，城市内部出现了很多问题。我们一直在孜孜以求，提出了很多理念。在现代城市发展战略寻求过程中存有两条主线：第一条是基于国家意志的竞争力战略；第二条是基于人民意志的宜居性战略。这两条主线贯穿在我们对城市发展的追求过程之中。2014年，党中央和国务院提出了国家新型城镇化规划，提出了要加快绿色城市发展，推进智慧城市建设，注重人文城市建设三大理念。

2014年，国家八个部门联合发布了指导意见，也可以称为国家智慧城市发展的顶层设计。指导意见对智慧城市做了界定："智慧城市是运用物联网、云计算、大数据、空间地理信息集成的新一代信息技术，促进城市规划建设管理和服务智慧化的新理念和新模式。"在三个方面利用三个抓手来推进：一是推动新一代信息技术在城市当中的创新运用；二是要加强城市管理和服务体系智能化建设；三是积极地开展民生服务、发展智慧应用。在顶层设计中，对智慧城市发展也提出了四项原则：以人为本、务实推进，因地制宜、科学有序，市场为主、协同创新，可管可控、确保安全。同时提到了六个发展目标：到2020年，要建成一批特色鲜明的智慧城市，具体在城市规划建设管理当中提到了公共服务便捷化、城市管理精细化、生活环境宜居化、基础设施智能化、网络安全长效化。智慧城市是国家的新型工业化、新型城镇化和新型信息化的深度融合。强调要用智慧的理念和技术，来实现城镇化，实现国家科学的、和平的、和谐的崛起。图1显示了智慧城市系统框架。图2显示了作为城市科技创新和应用实践的平台。

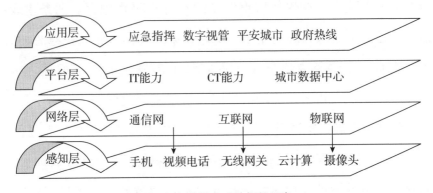

图1 智慧城市系统框架示意

图2 作为城市科技创新和应用实践的平台示意

　　智慧城市建设要解决的根本问题是现代信息技术与城市管理服务的深度融合。继20世纪"数字化生存"、"数字时代"和"数字地球"等项目提出后，2008年，在全球金融危机的背景下，IBM发布了《智慧地球：下一代领导人议程》主题报告，提出"智慧地球"这一理念，以振兴产业、应对危机。2009年2月，IBM公司在北京召开的年度论坛上，又提出了"智慧城市在中国的突破"的战略，并相继与十余个省市签署了智慧城市共建协议，自此"智慧地球""智慧城市"等新概念引起了人们的广泛关注，甚至受到追捧。通过分析"智慧城市"概念提出的背景和过程，我们可以总结出以下三个建设"智慧城市"的理由：第一，工业化以来的产业发展又一次遇到瓶颈。新工业革命提出用"信息化浪潮"来寻求突破和变革。在21世纪后的产业发展中，世界经济还是围绕"以城市为中心"的思路，重点发展以房地产业和交通业为核心的产业，从而引起世界金融泡沫和经济危机。因此，为了寻找新的出路，"智慧城市"这一新概念应运而生，从而引出新的产业道路。第二，服务于经济发展的人类科技已经在"能源技术""材料技术""信息技术"三大技术基础领域中取得了长足的进展，特别是信息技术的发展和应用已经极大地改变了政府、企业和公民的交互方式，提高了交互的明确性、灵活性和响应速度。但是在发展过程中，能源与材料的稀缺以及信息污染的难题并没有得到有效解决，反而愈演愈烈。因此，科学技术必须运用新的智慧解决其发展方向问题。第三，世界城市特别是大城市治理普遍遇到不可持续的难题，如安全问题、利益分配问题、节能问题、污染问题、就业问题、服务问题、效率问题等。而城市管理层的服务和治理能力也越来越不能适应新的复杂环境，几乎难以维持其功能，甚至出现"城市破产"等现象。在城市管理过程中，管理者希望能智慧地感知、分析、集成、应对城市在行使经济调节、市场监管、社会管理和公共服务等领域的职能。

智慧城市不仅是信息技术在城市管理方面的最新实践，更应被视为城市治理理念的最新突破。技术进步只是实现智慧城市的一个重要前提，即物联网技术解决智能终端和互联问题，这只是智慧化的条件之一，不是结果。智慧城市的活力在于能根据先验知识和现实动态问题自动生成新的知识，发展出新智慧的系统结构和机制，并将其用在智慧经济、智慧公民、智慧治理、智慧移动、智慧环境、智慧生活等各个方面。近年来，城市发展带动了整个经济社会发展，成为现代化建设的重要引擎。但是，全省城镇化水平低、质量不高等问题仍然十分突出，是经济社会发展诸多矛盾的症结所在。

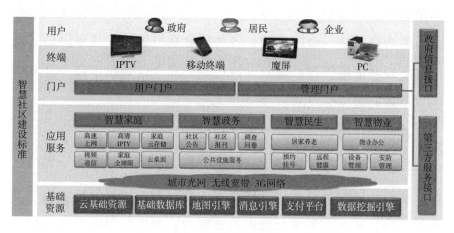

图3 智慧社区示意

二 智慧城市建设的内涵在于"感知"与"共享"

智慧城市建设强调的是运用信息技术。不仅要重视物理技术（信息技术），更要重视城市的体制机制的创新和改造。智慧城市不仅包括硬件，更多地体现在软实力上。所以要智慧地认识城市，智慧地建设城市。在建设智慧城市的过程当中，要运用智慧的理念、智慧的技术以及智慧的体制和机制。智慧发展的核心价值观、智慧发展的核心要义可以概括为两点。第一，感知。可以通过各种技术手段直接捕捉、获取各种信息，感知就是无处不在的摄像头以及感应器，包括我们每天带的手机。第二，共享，也可以叫作分享。过去我们也不缺乏信息，但信息都是孤岛。智慧城市的核心是要进行信息共享。智慧城市能够实现城市和谐管理，因为城市是一个巨系统，各种信息在被感知、共享以后，就能够实现和谐的管理。规划、建设、管理，这是我体会智慧城市的三个核心要义。

在信息化快速发展的今天，数据的社会价值愈发凸显。解决交通拥堵问题需要车辆和道路数据；提高政务服务水平需要民生反馈数据；医疗资源的合理配置需要医疗和人口数据；一项新政策的实施，甚至需要多行业的数据配合；而这些与市民息息相关的金融、医疗、教育、交通、个人档案、水电煤气等行业数据，被掌握在不同的政府部门、不同行业的企业和平台手中。换句话说，它们呈零散状，各自为政，形成所谓的信息孤岛。另外，这些数据绝大部分被束之高阁，处于被存储状态。如不能被盘活为人所用，与僵尸无异。智慧城市需要着手解决的正是这些问题。遗憾的是，过去由于科技力量的不足、部分企业技术欠缺以及高层的思考不够等，智慧城市建设中的信息孤岛现象越发凸显。智慧城市发展的最大难题，便是如何打通各部门、各领域的数据通道，形成信息的互联互享互用，从而推动整个社会的高效与灵活运转。但这种难题并非不可解决。此前提出"智慧国家 2025" 10 年计划的新加坡，做出了很好的示范。日本早稻田大学一项调查指出，"新加坡近 98％ 的公共服务已经通过在线方式提供，其中大部分是民众需要办理的事务"。2015 年，新加坡已经通过遍布全国的通信基础设施和传感器网络完成了联接和实时数据的收集工作，并计划在下一步的工作中，通过数据的有效共享和分析，更好地预测民众需求并提供服务。曾将"智能城市"计划提升为"智慧国家"计划的新加坡认为，智能与智慧，一字之差，意义相去甚远。"智能"侧重硬件的智能化，用意在于以智能机器取代人，最大限度地降低人的作用；而"智慧"则强调信息技术在广泛应用的同时，更加注重数据的共享，并以之为依据，实现更科学的决策。

三　做好顶层规划是建设智慧城市的首要任务

我国智慧城市建设存在一些需要重点解决的共性问题。2014 年 8 月 27 日，国家发改委、工信部等八部门联合印发《关于促进智慧城市健康发展的指导意见》，智慧城市建设进入一个新的发展阶段。我国智慧城市在建设过程中，还存在一些需要重点解决的共性问题，包括以下几个方面。第一，智慧城市规划统筹不够。智慧城市建设涉及部门多、范围广、新技术应用多、期望达到的目标多。这些特点决定了智慧城市顶层规划与城市其他的专项规划存在差异。如果不同部门制定的技术标准不统一、不协调，将很难对接从而发挥综合智慧效应。部门多头推进，统筹协调不足，难以形成快速、协同、联动的响应机制和智慧化服务方式，必将形成新的"信息孤岛"和"应用孤岛"。智慧城市顶层规划需要统筹考虑城市的社会、经济、资源、环境、产业、人口、文化、安全、公共服务等多层次、多要素，以智慧城市为抓手，提出系统的城市可持续发展和现代化管理的整体解决方案。第二，智慧城市基础设施出现建设与应用脱节现象。由于智慧城市建设涉及范围广，既需要进行大量的信息基础设施建设，又需要进行专业业务流程的整合，对整体系统设计的要求高。从实际操作层面看，智慧城市建设需要购买信息技术公司的服务，但信息技术公司普遍存在对政府工作流程不熟悉等问题，而政府所属的业务部门虽然熟悉政府业务流程，但普遍存在对现代信息技术了解不够的问题。如果不能将政府业务和信息技术进行有效融合，就容易出现智慧城市建设"中看不中用的两张皮"应用性差的问题。第三，智慧城市建设成本高、投融资困难。建设智慧城市，提升城市现代化管理水平，需要采集、分析和使用大量的人口、地理信息等基础数据，并对数据的时效性、可更新性有较高要求。但受条块分割的管理体制等因素制约，城市内部的各部门极易出现多头并进重复开发、信息采集难、共享难等问题，由此带来建设成本高等问题。智慧城市建设需要大量资金投入，后期运营维护阶段也需要持续的运营资金投入。但在许多城市，特别是财政收入比较有限的城市，存在资金投入的制约，需要通过创新投融资机制等方式解决智慧城市建设的资金投入和后续运营问题。

做好顶层规划必须明确智慧城市建设的目标、重点和行动路线图。全国不同城市在城市规模、发展水平、产业特点、资源禀赋等方面存在较大差异，各地城市应在借鉴先行城市建设智慧城市经验的基础上，结合自身实际确定智慧城市建设的目标、重点和行动路线图，稳步推进。现阶段智慧城市建设可以突出三个重点：一是重点做好顶层规划，在国家层面出台指导性意见，同时整合相关部门资源，形成整体规划，特别要着眼长远，尽早制定国家标准等关键要素，为今后城市间各类资源的共享使用奠定基础；在城市层面，智慧城市建设的顶层规划要结合城市实际，有针对性和可操作性，目标导向和问题导向相结合，明确智慧城市发展的指导思想、总体目标、基本原则以及近期实施的重点，并在发展中不断滚动修改完善；二是重点推进智慧城市基础设施建设，初步实现信息化、数字化等基础设施的持续完善；三是以"应用"为导向实施一批重点项目，结合各地实际，以重点项目引领带动各领域信息化建设，选择智慧医疗、智慧城管、智慧社区、智能公交、智慧旅游以及智慧应急等若干重点项目进行建设，率先在一些基础好、应用效果明显的领域取得实质性突破。

做好顶层规划必须完善智慧城市建设的组织协调机制。智慧城市建设涉及部门多，信息量巨大，不仅涉及大量新技术的使用，还涉及政府管理体制机制改革和流程优化。因此，要根据智慧城市的发展目标、建设重点，建立有效的组织协调机制。在国家层面，应在多部门配合的基础上，明确牵头部门；在城市层面，成立跨部门的组织协调机构，如由市政府领导挂帅成立智慧城市建设领导小组，贯彻实施顶层设计意图，组织实施基础数据库等重点工程，并对城市各领域的智慧城市建设和应用进行必要的审核把关，保证各领域和各行业应用的互通、共享和与顶层设计的一致性。同时要重视人才保障机制、资金保障机制和宣传推广机制的建立。

做好顶层规划必须明确加快智慧城市的基础设施建设。一是做好基础信息的共享和及时更新，统一建设人口信息、企业法人信息、地理信息等数据库，及时更新，在一定范围内共享。二是完善政府管理流程，通过政府体制机制改革和流程优化重组来解决管理中的薄弱环节，提升数据采集、分析、处理的效果。三是做好法律保障。建设智慧城市所需的数据采集、分析和处理涉及个人隐私保护等法律问题，需要提前做好相关的法律保障工作。

做好顶层规划必须处理好政府与市场的关系。一方面，智慧城市的建设发展对信息基础设施和信息使用服务等提出了更多的需求，应充分发挥市场主体作用，在基础网络、云平台、信息化应用等方面采取购买服务、外包等方式加以解决，并创新投融资机制，为企业全方位参与智慧城市建设创造有利条件。另一方面，实施社会管理和公共服务是政府的职责，政府在电力、燃气、交通、水务、物流等公共基础设施方面无偿为公众提供服务，这与企业为了盈利寻求的产品开发和市场开发明显不同。因此在智慧城市建设中也要防止由企业主导过于注重技术驱动而忽视政府管理和服务的问题。

做好顶层规划必须高度重视信息安全。当前，网络和信息安全形势不容乐观。我国的一些关键技术和装备仍受制于人，一些国外公司在我国部分智慧城市建设中参与度较深，对社会稳定、经济利益和国家安全产生影响。要处理好发展与安全的关系，国家有关部门应在关键设备和核心软件使用方面提出明确的安全要求，加大安全投入，增强防范能力，在智慧城市建设发展中同步设计、同步建设、同步维护信息安全。

智慧城市建设在城市规划方面具有广阔的应用空间。我们在城市规划中可以进行城市的仿真模拟。现有的体制比较复杂，有社会经济发展规划、土地利用规划、城乡规划，涉及生态、环境、交通、市政、投融资等多个产业。实行智慧的管理、智慧的规划，都需要运用智慧技术。最近由国家发改委、国土资源部和建设部三个部委进行 28 个城市的试点，实行多规融合。多规融合的基础，就是使用统一的信息平台。以广州三规合一的实践探索为例（见图 4），广州主要实行了"五个一"，就是一张图、一个信息联动平台、一个协调机制、一套技术标准、一个管理规定，利用"五个一"来实行城市综合的、系统的规划。这个多规融合好处在哪？第一，减少了各部门之间的横向、纵向矛盾。第二，管理智能了，充分利用了一个信息平台。第三，审批流程加快了，提高了办事效率。第四，过程阳光化了，有一个监督体系。第五，沟通顺畅了，因为它有一个协调机制。"十三五"规划，会在多规融合、实现智慧化的城市规划方面继续进行探索。国家的智慧城市建设的试点，住建部推了三批，加起来接近 300 个城市。智慧城市建设需要大量的资金，所以要十分小心。现在资金投入为 1000 多亿元，62% 的项目由财政投入，社会资金占 19%，银行贷款的比例不高，占 10%，其他资产也就 100 多亿元，所以资金问题是很大的问题。在智慧城市建设当中，应更多地关注融资，特别是 PPP 模式的运用。

四 智慧城市的建设发展具体体现在六个重点领域

智慧技术是城市科技创新和应用实践的平台，可以运用在治理城市病，城市的能源系统、生态系统，土地的动态监测、网络管理和建筑建造技术等方面。信息共享是非常重要的，布隆伯格在美国纽约当市长期间，对纽约所有大型公建的能耗进行了实时监控，并在互联网上公布每个大楼的能耗数值，但并没有明确政府要进行改造，各家单位却很明白政府的意思，再加上社会舆论的助力，促进了纽约大型公建的节能改造。我们只有一个地球，高能耗建筑将成为众矢之的，物业非进行管理不可。布隆伯格管理手段的巧妙之处在哪里？他通过运用互联网这一信息共享机制，实现了建筑的节能，可以说是非常聪明、非常智慧的一个举措。

表 1　智慧城市建设方向

序号	内　　容
1	信息网络宽带化 推进光纤到户和"光进铜退"，实现光纤网络基本覆盖城市家庭，城市宽带接入能力达到 50Mbps，50% 家庭达到 100Mbps，发达城市部分家庭达到 1Gbps。推动 4G 网络建设，加快城市公共热点区域网覆盖

序号	内 容
2	规划管理信息化 推进数字化城市管理，推动平台建设和功能拓展，建立统一的地理空间信息平台及建（构）筑物数据库，构建智慧城市公共信息平台，统筹推进城市规划、国土利用、城市管网、园林绿化、环境保护等市政基础设施管理的数字化和精准化
3	基础设施智能化 发展智能交通，实现交通诱导、指挥控制、调查管理和应急处理的智能化。提高智能水平，构建覆盖供水全过程、保障供水质量安全的智能供排水和污水处理系统。构建智能管网，实现城市地下空间、地下管网的信息化管理和运行监控智能化，构建智能建筑，实现建筑设施、设备、节能、安全的智慧化监控
4	公共服务便捷化 加快传统产业信息化改造，推进制造模式向数字化、网络化、智能化、服务化转变。积极发展信息服务业，推动电子商务和物流信息化集成发展，创新并培育新型业态
6	社会治理精细化 在市场监管、环境监管、信用服务、应急保障、治安防控、公共安全等社会治理领域，深化信息应用，建立和完善相关信息服务体系，创新社会治理方式

　　城乡建设系统正在做的工作，可以用四个关键词进行概括，即标准、检查、案例、科技。第一个是标准工作。国家正在编制智慧城市的评价标准体系，特别是指标体系。评价标准包括能力指标和成效指标。成效指标包括基础设施、公共服务、社会管理、生态宜居和产业体系。标准还在编制、完善。第二个是检查工作。因为时间已经过半，从 2012 年开始，中期试点检查已经开始。试点城市有 300 个，具体实施进展较好的有 100 个。将来

评价的结果还会进行公示和通报，进展缓慢的还要给予黄牌警告。第三个是案例推选工作。试点、示范创建的案例已经入选中央党校的干部班和全国市长研修学院的教材，包括上海、北京、广州、南京、佛山和长沙，这是住建部编的智慧城市创建案例。创建工作做得比较好的城市，包括珠海、辽源、贵阳、威海、宜昌、陇南。比较好的企业是北京的泛华集团。第四个是科技攻关工作。国家科技攻关项目正在进行，而且"十三五"项目的立项工作已经开始了，将组成重大项目群。科技部可能划拨 15 亿 ~ 30 亿元科技攻关经费。

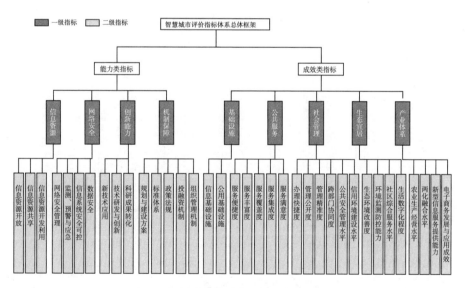

图 4　智慧城市评价指标体系框架设计

关注民生需求，提升公共服务水平
· 上海浦东新区、兰州市

打造公共平台，提高社会治理能力
· 北京市朝阳区、秦皇岛市、拉萨市、济源市

加强规划建设，促进土地集约利用
· 广州市番禺区、沈阳市浑南新区、河南舞钢市

注重发展质量，保护生态环境
· 南京市河西新城区（建邺区）、青岛中德生态园、株洲云龙示范区

推进产业升级，产城融合发展
· 佛山市顺德区乐从镇、常州高新区（新北区）

创新体制机制，优化资源配置
· 长沙大河西先导区、佛山市顺德区乐从镇、成都市温江区

图 5　试点示范案例城市

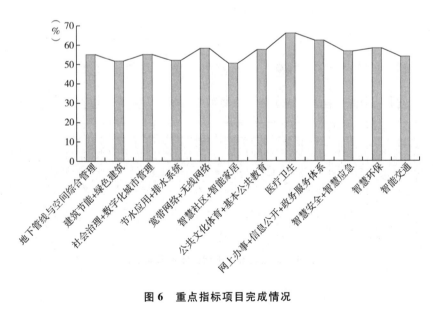

图 6　重点指标项目完成情况

五 智慧城市建设具有系统性、阶段性，需要长时间稳步地推进

智慧城市在建设的过程中，会遇到很多误区和问题。在大数据时代，马云有一句话：数据为王。数据信息已经成为经济社会创新的一个战略资源，政府是数据最大的拥有者，为了提升城市政府的治理能力和水平，政府应该实行数据的开放。但数据开放又涉及安全问题，涉及个人隐私问题。此时应该学习先进国家的经验，立法为先，统一平台进行数据开放，然后以服务导向，聚焦民生。现在城市政府更多地讲管理，"十三五"应该更多地从管理转向服务，聚焦民生。最后是公司合作，鼓励多元参与。智慧城市如何从理念走向现实，应该从理论体系的构建、技术体系的构建、政策体系的构建和实践体系的构建等多个方面继续探索和努力。明确智慧城市建设的目标、重点和行动路线图；完善智慧城市建设的组织协调机制；加快智慧城市的基础设施建设；处理好政府与市场的关系，充分发挥市场主体作用，也要防止由企业主导过于注重技术驱动而忽视政府管理和服务的问题；高度重视信息安全。

结　语

推进智慧城市是当代中国新型城市建设的主题之一。智慧城市建设的内涵在于"感知"与"共享"。做好顶层规划是建设智慧城市的首要任务。智慧城市建设涉及多个重点领域。智慧城市建设具有复杂性、系统性、阶段性和长期性的特点。智慧城市建设没有成熟的模板或经验可循，大家都在积极探索。"智慧城市"建设的覆盖面很广，涉及各方数据，数据资源整合的节奏不一；而且，各个地市的信息化应用水平不一样，推广起来确实比较复杂，建设智慧城市必须采取积极的态度推进，但是也不宜操之过急，需要社会各界同襄共举，一步一个脚印。基础电信运营商在"智慧城市"的建设和推进过程中也面临沟通协调成本高、资源整合难及优惠政策不足等现实问题。破解当前智慧城市建设难题，不少领先地市正积极探索。智慧城市建设目前还处于初级阶段，智慧交通、智慧医疗、智慧养老等很多领域的应用刚刚起步，数据整合难度大，信息孤岛、标准不统一等问题亟待破解。同时，也遇到顶层设计、人才队伍、资金保障等一系列问题。下一步，我们将深入推进"互联网＋"行动计划，坚持以人为本，突出绿色、低碳、便捷、高效，着力加强智慧城市基础建设、着力加强信息资源整合、着力加强人才队伍建设、着力加强建设资金筹措。智慧城市的建设需要我们适时评估，及时调整，付出之以恒、锲而不舍的努力。

参考文献

- 《国家新型城镇化规划（2014—2020 年）》，2014 年 3 月 16 日。

- 《中共中央国务院关于进一步加强城市规划建设管理工作的若干意见》（2016 年 2 月 6 日）。

- 国家发改委：《关于促进智慧城市健康发展的指导意见》（发改高技〔2014〕1770 号），2014 年 8 月 27 日。

- 楚天骄、李怡：《我国智慧城市建设面临的七大问题及其解决路径》，《中国浦东干部学院学报》2014 年第 4 期。

智慧城市的江西实践与探索

麻智辉*

智慧城市是运用移动互联网、物联网、云计算、大数据、空间地理信息集成等新一代信息技术，促进城市规划、建设、管理和服务智慧化的新理念和新模式。建设智慧城市是贯彻党中央、国务院关于创新驱动发展、推动新型城镇化、全面建成小康社会的重要举措，也是实现江西省委"提前翻番，同步小康"目标的内在要求。

一 江西智慧城市发展的基本状况

2012年以来，在省委、省政府的重视下，江西省已有11个

---

* 麻智辉，1962年生，江西省社会科学院经济所所长，二级研究员。研究方向为城市经济、工业经济、区域经济。

市（县、区）进入国家智慧城市建设试点名单，这 11 个国家智慧城市试点分别是：

第一批（2013 年 1 月）萍乡市、南昌市红谷滩新区；

第二批（2013 年 8 月）新余市、樟树市、共青城市、婺源县；

第三批（2014 年度）鹰潭市、吉安市、南丰县、南昌市东湖区、南昌市高新区。

江西的 11 个智慧城市试点，既有设区市，也有县、市、区；既有老城区，也有城市新区。试点主体的多样性，以及各主体之间自然条件、经济社会发展水平的差异性，决定了智慧城市创建模式必须深入挖掘自身特点，彰显地域特色。

2014 年 8 月 8 日，为进一步扎实推进江西省智慧城市建设，省住建厅、省发改委、省工信委联合出台了《关于推进我省智慧城市建设的指导意见》，提出"坚持以智慧应用为导向，智慧产业发展为基础，市场需求和创新为动力，加快推进智慧应用体系、智慧产业基地和智慧基础设施建设，加大信息资源开发利用力度，促进信息化与工业化、城镇化、市场化的融合，推进我省智慧城市建设"。同时，确定了"十三五"时期江西智慧城市的发展目标：到 2016 年，全省电子政务公共平台基本建成，实现政务活动全流程网络化办理；基本建成智慧城市感知、支撑、服务三大基础平台；交通、环保、安全、旅游、市政等重点领域核心业务实现智慧化。到 2018 年，主要管理对象和服务事项智慧化应用覆盖率达到 50%。到 2020 年，建成全省智慧化应用体系，构建信息化条件下的新政务、新经济、新生活、新城市，实现基础设施智能化、公共服务便捷化、社会治理精细化、规划管理信息化、产业发展科学化，使发展机制更加完善，为江西省城市转型发展提供新模式。

经过 3 年的实践，江西智慧城市建设取得了初步成效。我们选取了南昌市红谷滩新区智慧城市综合应用体系、鹰潭市龙虎山风景区智慧旅游体系和新余市智慧能源与环境监测管理专业项目作为典型样本做介绍，以期通过典型示范影响和带动江西其他地区智慧城市建设。

二　南昌市红谷滩新区智慧城市综合应用体系

2013 年 1 月 29 日，南昌红谷滩新区成功入选首批 90 个国家智慧城市（区、镇）试点，新区及时抓住历史机遇，以智慧化发展为主线，以新一代信息通信技术为主要支撑，以提升红谷滩新区整体竞争力为目标，以问题、需求和应用为导向，以制度创新、技术创新为动力，以转变经济发展方式为主题，以公共平台建设为突破口，大力推进智慧基础设施建设，大力完善智慧城市应用体系，明确了建设"一个中心、两个平台、一条热线、八项应用"的新路子。经过近两年建设摸索,智慧红谷滩先期的"一个中心、两个平台、一条热线、八项应用"已初步建成并部分投入运行。

(1)一个中心。即智慧红谷滩指挥运营中心,位于红谷滩新区管委会大楼 12 楼,面积约 1300 平方米,为"智慧红谷滩"和全区各部门业务应用系统提供统一的硬件设备、网络资源、数据管理、安全保障和运维服务,是智慧红谷滩建设成就的展示中心,是智慧红谷滩运行状况的监控中心,还是处置重大和紧急事件的调度中心,将担负起智慧红谷滩指挥、运营、管理的日常工作。

(2)两个平台。一是城市公共管理平台。为城市管理者提供服务。整合省、市、区现有业务系统信息资源,实现各业务系统流程对接、数据交换和应用共享,建立城市公共数据库和面向政府部门的行政服务管理和监督指挥考核系统,实现在行政审批、城市规划、城市管理、社会治理、应急处置等方面的应用展示、运行监管、分析研判和指挥调度等。二是市民公共服务平台。致力于以服务民生和便民利民惠民为目的,整合红谷滩新区政府职能部门、公共事业单位和商业服务机构的各类服务信息资源,建设"智慧红谷滩"PC 门户和手机微门户,构建全方位、个性化、一站式的民生服务体系。

(3)一条热线。即红谷滩新区"88812345"市民服务热线,以"倾听民声，收集民情，采纳民意，纾解民困"为目标，集中受理市民的投诉、建议、咨询等需求，派单到相关单位处理、落实，并在得到回单后及时反馈给市民，做到"件件有落实，事事有回音"。

（4）八项应用。一是智慧管网系统。以数据采集建库与监测设备布设工程为基础，利用物联网及信息技术，建设红谷滩新区供水、排水、燃气等统一的管线数据管理应用与智能监控系统，实现对地下管线的统一规划、统一管理，消除地下管网安全隐患，提升城市应急响应水平，为防汛排涝、工程施工、事故预警、突发事件应急救援等工作提供准确的服务支撑。二是智慧城管系统。在原有数字城管系统基础上进行升级，建设"大城管"城市管理、"大数据"统计分析决策两大基础平台和"全参与"全民城管系统、"全定位"GPS人员车辆指挥调度两个拓展系统。三是智慧政务系统。主要建设智慧政务门户、政务服务系统、协同办公系统和移动服务系统。实现市民政务服务咨询（诉求、监督、办事）方便化、快捷化。四是智慧交通系统。综合利用视频监控、GPS跟踪定位等技术，通过交通信号控制、电子警察、智能导航、停车诱导、公交信息（驾驶员信息、车辆信息、违法违章信息）查询服务等一系列交通管理及服务系统，引导交通流合理分布，实现城市交通的动态组织管理，提高交通运行效率，保障城市交通畅通有序。五是智慧环保系统。通过自动化、网络化、信息化等技术手段更加科学、准确、实时地监测空气、水资源、重点污染源的相关信息，及时发现并查处违法排污行为，促进低碳示范城和环境卫生城建设。六是智慧社区系统。在社区实施智慧社区卡、智能家居、健康小屋、智能数据库等多项便民利民应用。智慧社区卡基本实现与社区门禁系统、志愿者管理系统、社区便民健康服务系统等应用系统的部分功能对接工作；智能家居系统包括用 APP 智能开锁、控制灯光、开关空调和电饭煲；智能数据库可以导入 4000 余份社区人口数据、计生数据、劳保数据、经济数据及周边商户数据，方便社区人员查询和管理，通过对社区多种数据的收集和分析研判，可以更加清晰地管理社区，服务居民。七是智慧平安系统。全面整合天网工程、社会监控点、各部门（单位）的信息系统和业务资源，从综治业务处理、危机事件处置、视频监控管理及信息发布四个方面，搭建一个快速社会综合管理系统，实时监控公开场所、重点部位、特殊人群、危化品运输及其他重大危险源，合理设置危机处置流程，及时调配救援处置资源，提升公众安全感和群众满意度。八是智慧产业系统。涵盖智慧物流、智慧商贸、智慧金融、智慧文化旅游等各个方面。

三　鹰潭市龙虎山风景区智慧旅游建设

龙虎山为中国道教发祥地，龙虎山风景区是中国第八处世界自然遗产、世界地质公园、国家自然文化双遗产地、国家 5A 级旅游景区、全国重点文物保护单位。早在 2009 年，龙虎山风景区就率先引入了国内领先的景区数字化服务商九天达科技的电子票务系统；随后从 2011 年起，又与九天达科技携手开启"数字龙虎山"工程，构建智慧旅游服务、智慧旅游营销、智慧旅游管理三大体系。经过多年的建设与探索，龙虎山于 2015 年底前全面建成智慧旅游景区，为全国智慧旅游发展树立标杆。

（1）智慧旅游服务。在龙虎山景区，游客通过免费 WiFi 可以快速接入景区网络；通过龙虎山景区的官方微信，可以订票订酒店、收听全程微信语音解说等一系列智能化的服务，为游客带来了高品质、更贴心的旅游体验。

"龙虎山微信公众平台"上线，实现微信预订和支付功能。景区内"导航、导览、导游、导购"的智慧服务体系日趋成熟，开通了官方微博、微信，游客打开微信，点击地图导览，各景点配有语音讲解，相当于"私人导游"，并且通过免费 WiFi 可以快速接入景区网络；通过龙虎山景区的官方微信，可以订票订酒店、全程收听微信语音解说。景区工作人员通过微博、微信第一时间发布景区旅游实时动态信息等，并与各地游客直接进行交流，为其提供吃、住、行、游、购、娱等方面的咨询与服务。网络订票方便快捷，还能享受 10 元钱的优惠；自动售票机出票只要 30 秒。

（2）智慧旅游营销。龙虎山景区是国内首家实行游客手机归属地系统分析的景区。景区不断借力信息化手段，多渠道掌握游客的需求特征，对目标游客的类型、消费偏好、获取信息渠道等进行数据分析，用大数据支撑景区精准营销。主要是利用技术手段获取游客来源地信息，为景区市场科学的布局提供决策支撑。从"网络营销"迈进"智慧营销"，龙虎山先后经历了5 年。

2009 年，龙虎山建立了电子商务平台，实现了"门票、酒店、特产"的网上销售和支付，同年上线了龙虎山虚拟旅游系统。2010 年，龙虎山建成了旅行社报团系统。2011 年，着手整合国内优秀的 OTA 资源，规范旅游渠道产品、流程和价格，实现景区的门票分销。2013 年，龙虎山景区在江西省内率先启动"智慧景区"建设，并制定了《智慧龙虎山景区规划（2013—2018）》，从应用层、网络层、感知层三个层面进行建设，形成"智慧龙虎山"系统框架。2014 年建成游客客源地分析系统，实现精确化、深入化、细致化营销，成为江西省内首家开发使用智慧旅游统计系统的景区。2015 年开通的"龙虎山微信公众平台"

预订和支付功能，再一次开江西景区微信预订、支付的先河。为顺应自助、自驾游升温的旅游市场，景区正在整合周边酒店、餐饮和购物等商户资源，精心打造让游客满意和省钱的"自助游套餐"产品，同时在各在线销售平台推出，这将有利于景区诚信建设，促进龙虎山"OTA＋电子商务平台＋微信商城＋在线支付＋移动支付"的智慧营销模式的进一步升级。

（3）智慧旅游管理。随着电子票务系统、智能化 IP 视频监控系统、LED 大屏幕信息发布系统等管理应用系统的建成并投入使用，景区已经实现了全方位智能化管理，大大降低了管理成本。2009 年以来，龙虎山陆续建成并投入使用了"电子票务系统""智能化 IP 视频监控系统""LED 大屏幕信息发布系统""观光车车辆定位系统""游客归属地分析系统""旅行社报团系统""旅游分销系统"等管理应用系统，从运用效果来看，目前龙虎山景区已经具备"游客引导、车船管理、生态保护、安防管理、客户管理、财务管理、营销管理和辅助决策"等"智慧管理"能力，景区管理比较顺畅。

"十三五"时期，龙虎山景区还将逐步展开"龙虎山竹筏排队叫号、GPS 车辆调度、呼叫中心、自动化办公、酒店管理、地理编码、基础数据资源管理、景区数字城管、森林防火和 GIS 地理信息"等系统的建设和运用，并通过研究和探索，深挖数据价值，逐步加大辅助决策的涉及面和比重，使管理更精准、更

"智慧"。

四 新余市智慧能源与环境监测管理

新余市是一座新兴工业城市，也是第三批全国资源枯竭城市，2011年被列为全国节能减排财政政策综合示范城市，节能减排任务十分艰巨。为此，市委市政府高度重视城市节能减排工作，提出建设智慧能源项目（能源与环境监测管理项目），以技术手段助力城市的节能减排工作。该项目以建立城市能源、环境和经济模型，实现城市可持续发展为目标，以提高能源资源利用效率为核心，采用现代自动控制、云计算、物联网、移动互联网、虚拟现实、GIS、组态软件等技术手段，对工业企业能耗、机关办公楼与大型公共建筑能耗、城市照明能耗、交通运输车辆油耗、新能源与可再生能源应用、主要污染物排放和环境状况进行实时动态监控。为企业提供实时在线能源系统平衡信息和调整决策方案，提高城市整体能源利用水平与效率，实现新余主导产业的绿色、可持续性发展。

新余市智慧能源与环境监测管理项目主要包括一个综合管理平台及八个行业平台。

（1）能源与环境综合监测管理平台。能源与环境综合监测管理平台按照从整体到局部、从宏观到微观的思路，结合GIS、

3D、组态、仿真和视频形式，逐层展现城市、区域、行业、单位、项目、建筑、监测点的基本信息、能源信息、环境信息。综合监测管理平台包括政策法规查询、实时数据展现、监测数据的分析预测、为用户的决策支持提供数据和模型支撑、监测数据的统计报表、节能减排项目的实施与监控管理、各类数据的可视化展现（包括 GIS、3D、视频）等功能。

（2）电力需求侧监测管理平台。通过对用户侧的电力仪表等设备进行实时数据采集和监控，实时监控用电状态，包括电流、电压、电能、功率、电能品质等，并通过策略控制来实现对用户用电质量和用电可靠性的控制，如瞬时负荷、电力品质、用电策略等，实现对城市、区域、产业、行业、监测企业、居民的供/用电量及负荷变化的统计、分析。建成后的平台将具有经济分析、电力供需形势分析、有序用电、需求响应、电力需求侧管理目标责任考核、在线监测、网络培训、信息发布等功能，能够为政府有关部门、电力企业、电力用户、电能服务商等相关方提供全面、权威的决策支撑和技术服务，有力促进全市电力需求侧管理工作的深入开展。

（3）工业能耗监测管理平台。平台通过智能监测设备采集数据，自动汇总、分析，并生成动态的数据曲线和报表，根据分析后的数据和节能法规及节能监测标准进行科学的决策，针对不同企业的问题提出解决方案，帮助企业科学利用能源，以达到节能的目的。整个过程全自动化，不需要人员参与，工作人员只需点击鼠标即可。在废气、废水的排放检测方面，企业的排污口或烟囱都装有智能监测设备，定时自动抽样检测，并将数据传回平台。此外，平台还对太阳能光伏、太阳能热水、风能等 126 个新能源与可再生能源应用项目进行实时在线监测，对全市 90 余个道路照明回路和 150 个景观照明回路实行"五遥"控制，对全市 4 万辆营运车辆进行油、气消耗在线监测。

（4）建筑能耗监测管理平台介绍。通过能耗统计、能源审计及能耗动态监测等手段，实现公共建筑能耗的可计量、可监测。确定各类型公共建筑的能耗基线，建立全市不同类型建筑的能耗数据库，为建筑能耗定额的制定奠定基础。识别重点用能建筑和高能耗建筑，推进高能耗公共建筑的节能改造。全市 750 万平方米（678 栋）机关办公大楼与公共建筑内现场的实时能耗正接受实时监控，大楼每一层都装有一套智能监测设备，每层的监测数据汇总于装在大楼配电箱的智能电表上，最后通过无线网络自动传输到平台上的数据中心，数据中心自动计算分析，并形成图表。平台通过整理、拆分等数学手段计算并储存各分项（如空调、照明等）用能能耗，通过专家系统进行建筑能耗的诊断、分析，并通过区、市级的建筑能耗监测中心进行集中管理和优化指导，帮助建筑使用单位、管理部门实现建筑节能的综合监管。

（5）新能源与可再生能源应用监测管理平台。对新余市区域内的风能、太阳能光伏、地源热泵、太阳能热水等多种可再生能源利用情况及常规能源使用情况进行实时监测，并通过数据收集、追踪和分析，为新能源与可再生能源应用项目的建设、运行和管理提供科学依据，实现对区域内可再生能源使用占比追踪、绿色技术效果评价和节能减排成果的推广展示等，不断提升区域能源利用水平，促进区域能效优化，最终实现能源全生命周期管理和可持续应用。

（6）城市照明监测管理平台。是一套对城市路灯、景观灯实行集中控制、集中检测、集中汇报路灯线路运行情况和故障情况的集散式监控管理系统，主站与子站之间由 GPRS 通信网络完成，主站向各个子站发送控制命令、检测命令，处理检测数据，对系统故障声光、短信等形式的报警和系统信息进行管理；子站则执行对该区域路灯的开关灯控制，采集线路电压、电流、功率、功率因数、用电量等运行参数，回传电缆被盗、路灯柜门被意外打开等报警信息，并将这些信息及时传送给主站。系统控制软件可根据当地经纬度自动计算当地城市全年开关灯时间，每天定时向监控点发送、调整开关灯时间，从而实现城市路灯照明系统按需照明、高效节能、精细化管理的目的，全面提高城市照明综合控制管理的效率。

（7）交通运输能耗监测管理平台。采集营运车辆的油耗数据，实现对全市营运车辆能耗总量、各单车油耗的在线监测和监控。

（8）环境监测管理平台。建成城区重点水域、重点区域的信息数据实时采集与视频监控相结合的综合在线环境自动监控系统。实现对城市环境的统一监控、调度和管理，建设更宜居、更低碳、可持续发展的城市生活环境。建设全市水、大气、噪声和重点污染源的自动化监测站点，逐步建成城区重点水域、重点区域无死角、全覆盖的信息数据实时采集与视频监控相结合的综合在线环境自动监控系统。建设环境保护综合管理系统，实现环境质量综合监测、污染源排放监测、应急管理、环境资源分析决策等功能。

智慧，让城市更美好

——在 2015 年智慧城市论坛上的发言

孙　毅[*]

今天各位领导和专家能齐聚美丽的青云谱，我们感到蓬荜生辉，无比自豪，能够与长期立足于时代前沿、极富真知灼见的专家、学者共聚一堂，畅叙友谊，共谋发展非常难得。相信借此良机，我们定能论有所获，学有所得。就我个人而言，今天也是带着求知若渴的心情，希望获得指导，受到启发。下面，我以"智慧，让城市更美好"为题，就如何认识智慧城市、地方政府在智慧城市建设中的可为之处以及青云谱区的初步探索三个层面谈一些粗浅体会，不当之处，敬请批评指正。

* 　孙毅，青云谱区人民政府区长。

一 如何认识智慧城市

（一）大而言之，智慧城市是国家宏观的战略定义

智慧城市综合运用了物联网、大数据、云计算等新一代信息技术的城市建设理念，可以解决当前城市运行中存在的问题。从一个城市的生态来说，主要是由经济产业、基础设施、市政管理、资源环境、社会民生五大功能系统组成，在进一步推进城镇化的进程中，这几大系统也不同程度地面临着挑战：在产业经济方面，产业结构有待优化，传统资源密集型、劳动密集型企业有待转型；在市政治理效能方面，居民办事还存在费时费力的现象，政务效率有待提高；在资源环境方面，环境污染、能源消耗制约着可持续性发展；在市民生活质量方面，城市交通普遍拥堵严重，社保、卫生、教育等民生基础服务矛盾还比较突出，等等。

建设智慧城市，就是通过建设宽带多媒体信息网络、云计算等基础设施平台，在统一的云平台上整合城市信息资源，为市民提供无所不在的公共服务，为政府公共管理（市政监控、智能交通、电子医疗、智慧旅游、城市安全等）提供高效而有竞争力的手段，促进企业提升工作效率，增强产业能力，最终使城市

在信息化时代的竞争中立于不败之地。

（二）小而言之，智慧城市就是城市的智慧化综合管理

智慧城市的最终目标，就是一方面为城市综合管理水平提升打基础，另一方面为居民提供人性化的服务。当前我国正进行供给侧结构性改革。我们不妨设想一下，随着后工业时代的到来，今后恐怕将面对"新计划经济"时代，也就是所有的生产都会按照消费需求进行，未来的每一件产品，在生产之前都会知道它未来的消费者是谁，并且知道这件产品采用了什么标准生产；而生产商之间比拼的不再是价格，而是谁能最先对接消费者的需求，能够满足消费者的需求。那时，如果没有库存，就不会有恶性竞争，行业会进一步细分，形成新的供应关系。也就是说，过去信息化与工业化的深度融合增加了供给，现在信息化将与城镇化深度融合，则有望创造供给，推进智慧城市的发展，给我们带来更多的发展空间。

二 地方政府在智慧城市建设中大有可为

当前，政府职能转变和机构改革是头等大事。之所以要"自我革命"，很大程度上是因为在此之前，政府过于强调自身管治的职能，弱化和忽视了社会服务角色。对于地方政府而言，

现在的公共管理事务日益复杂，仅凭个人感知很难全面了解情况，一味凭老经验、按老办法，就容易出现决策失误和角色错位。因此，将智慧云和大数据作为职能转变的突破口，将来自各种渠道的数据与信息利用起来，为制定政策、明确改革方向提供重要参考，助推公共管理转型，已是大势所趋。

在这之中，我认为有两点因素要做重点考虑，一是充分挖掘和利用大数据。相较于传统数据，大数据与其说是一种量的进步，不如说是一种质的飞跃。它是一种海量，并具有高增长率和多样性的信息资产，能够提供更强的决策力、洞察力和流程优化能力。比如，国外一家软件公司与多家电力公司合作，在几百万户家庭中安装了智能电表，这些电表每隔 15 分钟就读一次用电数据，该公司据此每月向每户家庭提供一份个性化报告，显示该家庭的用电情况在类似家庭中所处的水平，以鼓励节约用电，预计每年可节省 5 亿元。由此可见，大数据可以作为政府节能减排的千里眼、万能手，并且能做到深入千家万户，量身定制解决方案，这在过去入户抄表年代是难以想象的。二是着力开发"信息喷泉"，其实在日常生活中，由于大数据理念的缺乏，我们错过了许多有价值的数据。就拿监控摄像头来说，如果仅用于安全保卫，那就是一项纯粹的成本支出。事实上，通过视频，我们可以挖掘人流量、车流量等信息，分析人们的身份特征、行走路径、停留模式和聚焦热点，这对城市的规划与管理都极有价值。

另外，从搜集到的信息还可以看出一个区域、一个城市的变化，比如哪些店铺在装修，哪些正常营业，哪些已关门歇业；哪里出现了新的店铺等，把这些变化汇集起来，也可以从中看到经济形势、自然环境甚至人们的幸福指数。

三　青云谱区的初步探索

近年来，我区在应对经济下行压力的同时，积极顺应发展形势，不遗余力地抢占制高点。作为一个老工业城区，面对"退城进郊，退二进三"的发展要求，我们一手抓转型升级，一手抓优化服务，而"互联网＋"的出现为产业升级带来了新的契机，给我们实现智慧服务带来了可能。

我区洪都老工业基地正在搬迁改造，已列入了国家级战略，注重企业技术升级换代，同时利用旧厂房改造升级。在这一过程中，"互联网＋"为我区带来了最迅速、最直接、最震撼的效果，搭建了大量"大众创业、万众创新"的服务平台，新兴企业集聚，产业融合发展，"互联网＋"品牌百花齐放。目前，我区已成立电子商务协会，集聚了300多家会员企业抱团发展；形成了十多个创新创业的产业智囊团队（电子商务创业创新产业园、创客咖啡、绿佳园创业咖啡、"E园"创业咖啡、青云谱区电子商务孵化基地、昌强服装电子商务基地、九州通医药电子商务基地、江西农产品电子商务中心、全球鲜果 O2O 电商中心、向日葵人才育成中心、森立国际、深蓝智造等）。与其匹配的，还有较完备的现代物流企业（南昌深圳农产品中心批发市场、中联物流、新地冷藏物流中心、九州通医药物流中心、昌南医药物流配送中心），为产业升级提供更智慧的保障。这里再向各位报告一下，2015 年 12 月 29 日，由中国电子商务协会主办的第二届全国 B2B 电商大会将在我区电子商务产业孵化基地召开，届时将有一大批行业领袖、业界大咖会聚于此，势必将把我区的电商事业推向一个新的高度，在此也真诚地向在座的各位发出邀约，敬请莅临指导。

在大数据时代，我区顺势而上，主动作为，在提升政府自身服务方面做了一些探索。其一是综合税源管理。经过洪都街道试点后在全区推广，实现统计、招商、市场监管、税务、街道及镇、园等 20 个部门的税源信息共享，通过税源信息大数据的整合、共享、分析、运用，推动经济运行的科学调度。其二是智慧城市管理。我区已建成网上审批、数字城管、应急指挥中心、社区网格化管理 4 个政务平台，还将建立 3 个社会管理领域的信息化平台，涵盖市政管理、园林绿化、市容环卫、行政执法、环保监管、交通信息等多部门、全方位的智慧城管系统已初具规模，"大城管"智慧监管平台已见成效。其三是智慧社会民生。我区正在探索"智慧校园"建设，已经在三店、徐坊小学开展了试点，以物联网为载体，将教学、课件、科研、管理和校园生活进行充分融合；正在探索"智慧社区"建设，在徐坊街道办事处和岱山街道办事处筹备开展试点工作，运用物联网和云计算，将智能物管、智能家居、路网监控和智能服务等集于一体，为居民提供更精细的政务服务和生活服务。

由于时间关系，这里我举一个例子，我区选择周边人口较为密集的象湖农贸市场和京山农贸市场试点建设"智慧农贸市场"，在市场内接入了移动光纤专线，免费 WiFi 全覆盖，打造了江西省首个使用网上第三方支付进行交易的"智慧菜场"，居民购物时使用支付宝在线支付，极大地方便了其日常生活。今天是12 月 12 日，也是"双十二电商狂欢节"，我们这两个市场也参与到支付宝"双十二"活动中，相信许多消费者都能购买到物超所值的商品。

各位领导、专家，我区虽然做了一些打造智慧城市的探索，并取得初步成效，但与此同时，"互联网 +"产业迅猛发展带来的基础设施建设、交通配套、电商品牌、投资融资等问题，以及由此延伸出的智慧城市建设中的顶层设计、资金、人才、可持续发展动力亟须提升等问题，都是我们不得不直面的现实。

下一步，我区将秉承智慧城市的发展理念，深化智慧政务、智慧交通、智慧教育、智慧健康、智慧社区、智慧平安等工程，用 3～5 年时间构建出较为完善的基础网络，基本建成城市规划、城市建设、医疗卫生、社会保障、生态环境、交通指挥等专项数据库和人口、宏观经济、自然资源和地理空间等基础数据库全面覆盖的公共平台，使信息化与城市化高度融合，提升区域综合竞争力。

各位领导、专家，智慧城市的建设，一要有"智"，二要普"惠"。此次智慧城市论坛在我区举办，体现了中国社会科学院、江西省社会科学院以及社会各界对青云谱的关心与厚爱。希望各位专家、学者和企业家，在接下来的交流和今后的合作中，多提宝贵意见，多关注青云谱，多帮助青云谱，为青云谱智慧城市的打造、经济社会的发展把脉会诊。同时，也热烈欢迎各界朋友来青云谱投资兴业，我们将以感恩之心与大家共同努力，共谋发展，共创辉煌。

智慧的城市　时代的创业

晏鸣壹*

非常荣幸能够作为青云谱区的企业代表向大会做汇报，我是青云谱本地成长的企业——江西优联投资发展有限公司的晏鸣壹，我今天汇报的题目为"智慧的城市　时代的创业"。

互联网时代有一句话，"站在互联网的风口，猪都会飞！"

李克强总理把"大众创业、万众创新"写在 2015 年的政府工作报告中，举国上下进入了"双创新时代"，站在"大众创业、万众创新"的风口，是站在原地，还是乘风飞翔？

企业作为市场经济的主体，最能够感受到风口的温度和力度。在"互联网＋城市建设＝智慧城市"的浪潮中，如何把握时代机遇做好智慧型创业是政府、市场管理者和企业共同面临的

* 晏鸣壹，江西优联投资发展有限公司执行董事；中华创业创新联合大学（筹）联合发起人；南昌味粽创客空间联合创始人；南昌味粽创业学院院长。

课题。

我以优联公司的发展转型历程与智慧城市的结合向大会报告如下。

一　从传统园区到"互联网＋园区"

优联公司从 2009 年试水青云谱外包产业园，利旧改造原青云谱中学校址，以呼叫中心服务外包、广告设计公司等传统行业为主体，配套小额贷款公司，打造了青云谱首家 7000 平方米的小微产业聚集园区。

2010 年利旧改造村级企业闲置厂房，投资深蓝智造创意园，引进广告设计、创意策划、艺术创作等中小微企业，打造南昌首家 5000 平方米专属创意小微园区。

2013 年投资建设森立昌南小微企业孵化基地，引进省内龙头企业，共同孵化上下游产业链，形成利税超亿元小微园区，并于 2015 年荣获省级小微企业创业园称号。

2014 年利用区原公安大楼改造时机，引进固定资产投资超过 6000 万元，建成江西最大的食品、药品检测科技园区，为全省 6000 余家食品药品企业提供检测、分析和指导服务。

进入 2015 年，"互联网＋"、智慧城市建设和推进对优联公司的发展起到助推作用。2015 年下半年，投资 1500 余万元，建成和运营江西最大的融创业学院、创客咖啡、创业基金、创客工场、创业孵化为一体的众创空间生态链——味粽创客空间。

目前正在青云谱区加紧建设"一园多基地"型的优联众创空间群，既有超过 1 万平方米的孵化基地，又有 3000 平方米的众创空间，更有 300 ~ 500 平方米的社区众创示范微店。12 月第森立众创空间正式对外营业，计划通过 1 ~ 2 年的建设，优联众创空间群在青云谱区遍地开花，实现家门口的创业创新孵化。

回顾优联的发展历程，从服务外包到"互联网 + 园区"运营，每一次发展转型都是顺应时代变化的结果。

二　从智慧城市到智慧创业

智慧城市建设标志着产城转型进入了一个新时代，对"大众创业、万众创新"形势下的智慧创业有不可替代的积极作用。

一是智慧城市信息技术的深度拓展和集成应用，必将培育并形成新的经济业态。

现在见面不说"互联网 +"都觉得过时了。"互联网 +"是什么？就是一种新的经济业态。无论是传统行业 + 互联网，还是互联网 + 实体相互融合，都是创业创新的新时代的产物。

智慧城市的本质，就是以移动互联网平台为基础，利用信息通信技术与各行业的跨界融合，推动产业转型升级，并不断创造出新产品、新业务与新模式，构建连接一切的新生态。

优联公司作为从传统园区到众创空间的运营商，通过互联网＋，借助智慧城市的升级引导园区产业的升级，是时代赋予的历史使命。目前在我们众创空间入驻的企业和团队中，以智慧社区、网上便利店、移动 APP、O2O、智慧旅游、智能硬件为主题的占 80% 以上，凸显了智慧城市建设促进智慧创业的作用，众创空间的机器人和 3D 打印设备还为本次大会提供了相关配套服务。

二是智慧城市的重要标志是政府转变职能，更好地服务民生，这有利于形成更透明、更能激发活力的发展环境。

智慧城市建设产生的"倒逼机制"将要求政府充分利用大数据、云分析等技术，将城市服务整合到统一的公共服务平台，通过建立移动互联网通道，为创业者、创新者和广大市民提供电子政务一体化与政府公共数据开放服务，实现政务迅速受理和反馈，甚至在线审批。

在智慧城市背景下，创业创新者可以通过手机享受行政服务大厅的一站式服务，进行信息查询、在线预约、在线办理，大幅提升社会整体服务效率和水平。

智慧城市大数据的开放和应用为互联网型创业创新者利用政府公共资源、共享智慧城市发展红利提供了可能，在日新月异的大融合、大改革、大转型背景下，这为广大创业者、创新者带来了最需要的福音。

智慧城市大数据的开放和应用，使创业创新者开始分享政府大数据的红利。贵阳双龙航空港众创空间的大数据研究和应用就是可以借鉴的模式，如其孵化的虹膜验证平台养老金发放应用，可以免费为政府提供服务，同时又能成为投资项目。

优联公司在小微园区运营过程中，利用政府的政策，在税费奖励、租金减免、就业培训、法律/财务咨询、办证等方面为入驻企业提供优质服务，提高了效率。

优联从传统园区服务到平台型服务转变，得益于智慧城市建设和青云谱区阳光驿道3.0的建设和运营。通过智慧城市平台和青云谱区行政服务中心授权，优联众创为入园企业提供"一照一码"服务，最快3天就可以完成。可以说，优联作为创业创新型园区实践者，最能感受"春江水暖鸭先知"的温度和风度。

三是智慧城市的深刻内涵是以人为本、实现可持续发展，必将提供突破桎梏的重要路径。

智慧城市建设致力于将现代制造业与移动互联网、云计算、大数据、物联网等信息技术相融合，这将为经济发展带来好的结果。

人类发展划分为三个阶段：植物时代、矿物时代和人物时代，现在正在进入互联网将人和万物进行连接的时代。

　　马化腾说过，不是看你拥有什么，而是看你与谁连接，智慧城市建设和运营必将打通人与万物连接的通道，只有人和物能够无缝连接，才能培养创业创新型人才，才能产生江西本土的 BAT 式的领军人物！

　　最后，我用海尔总裁张瑞敏的一句话来结束今天的汇报，没有成功的企业，只有时代的企业，我们现在进入的是不可逆转的互联网时代，智慧城市建设和运营必将推动一个时代的创业！

轻装信息化与"互联网+"的本质属性

李广乾[*]

当前，"互联网+"是整个社会关注的热点，本来我要报告的东西很多，限于时间，我主要讲一些心得体会，如果大家感兴趣可以根据后面的联系方式跟我联系，我很乐意跟大家分享。

我主要讲几个方面，大家都知道"互联网+"，这个概念提出来也是非常近的事情，是3月5日李克强总理在"两会"的工作报告中提出的。7月1日，国务院出台了《关于积极推进"互联网+"行动的指导意见》。一个概念能够在不到几个月的时间内变成国家的一项重大政策，其中一定有特定的历史原因，我将这个原因概括为四个方面。

第一，"互联网+"这一概念首先有深厚的技术基础，是由新一代信息技术引发出来的，后面我还会简要地谈一下。一般来

---

* 李广乾，国务院发展研究中心信息中心研究员。

讲，新一代信息技术主要指四个层面的内容：物联网；云计算；大数据；移动互联。这四种技术的出现，使得传统的信息化发生了根本的转变。

第二，电子商务成为当前我国信息化的主导力量。我自2001年开始从事电子政务方面的研究，以前在做信息化推广运用的时候非常难，因为要社会各界运用信息化手段开展信息化业务很不容易。所以，地方各级政府需要采取各种激励措施让大家采用，或者政府上马，或者企业上马。现在信息化已经成为社会各界包括企业决策的内在要素，不用别人说，每一个人都知道怎样将其业务构筑在 IT 平台上。刚才有几位专家讲了经济形势，从经济的角度来讲，当前的电子商务为中国的经济提供了新的"大三样"，使我国的经济站在一个新的高度、新的平台，这"大三样"就是电商平台、现代物流体系以及第三方支付。这三大工具正在使中国的经济发生深层次的转变，可能大家不容易从直观上感受到，但是中国经济的面貌正在由此大为改观。刚才也有专家谈到，中国的经济增长率从2001年的9%开始下行，GDP降了但是就业率并没有发生什么变化，甚至有所增加，这主要得益于电子商务所带来的服务业的大发展，也就是说虽然就业结构发生了变化，但就业量并没有减少，反倒有所增加。

第三，当前中国经济进入新常态，我不多说了。

从信息化的发展来看，每一个时代的信息化都是由当时的绝对性的技术来驱动的，当前我国的信息化发展仍然需要一个响亮的口号，特别是在国内外围绕第三次工业革命提出了各种新的口号的大环境下。这个时候，"互联网＋"应运而生。最近30年来，围绕新一代信息技术，以及为推进信息化出现了一些LO-GO，或者说一些标志性的口号。以中国的"互联网＋""中国制造2025"为代表。在国际上，比如美国的再工业化尤其是GE公司的工业互联网以及德国的工业4.0，这些给我国的整个制造业，或者整个经济竞争力带来严峻的挑战。所以这个时候提出"互联网＋"，是应对国内外竞争的一个重要的战略方向。

如何界定"互联网＋"的内涵与外延一直是社会各界关注的热点问题。7月1日国务院文件有所说明，这个概念最早有其来历，最早是易观国际于2011年提出"互联网＋"，但是大家比较接受的还是马化腾对这个概念的解读。我们现在在跟腾讯做一个合作研究，具体是我在负责。听马化腾介绍，总理去腾讯公司调研，马化腾就把"互联网＋"当作腾讯的发展战略，给总理做了介绍，总理深受感染。

马化腾对于"互联网＋"的理解我概括为三个方面：一是连接一切；二是内容为王；三是营造新业态。其他人也提出了很多新的说法，比如汪玉凯认为"互联网＋"是"互联网2.0"跟"创新2.0"，是一种新的经济发展模式。神州数码一直在做智慧城市项目，其总裁郭为认为信息网络空间包括三个层次，最高层是消息层，中间是工作流层，最底层是数据层，他认为"互联网＋"是信息化的运用，使处于冰面层的消息层往工作流层和数据层渗透、深化。这些概念都对"互联网＋"的某些方面做了说明，但是根据我从事了二十多年信息化研究的经验来看，我觉得这些概念都不足以界定"互联网＋"的本质属性和概括科学的内涵。我把"互联网＋"首先看作新一轮的信息化，这一轮的信息化基于刚才讲的新一代信息技术四个领域重大的创新，从而衍生了新的信息化模式，是轻装的信息化，后面我会具体解释为什么叫"轻装"。

第四，全民的信息化。以前推进信息化一般由国有单位、大型企业进行，因为信息化建设有资金、人才、政策法规的要求，中小企业和个人是没法开展信息化建设的。现在不一样了，在新一代信息技术的作用下，信息化的建设各个方面都发生了颠覆性的变化，使得人人都能参与信息化建设。同时，"互联网＋"也是经济大变革的集结号，刚才我也说了，"互联网＋"是应对经济新常态，应对第三次工业革命以及新技术浪潮所提出来的经济发展口号。在信息化的应用过程当中，这一概念逐渐被理解。以前我们在谈论 IT 以及信息化的时候，往往是引用美国人的概念，但是自 2008 年以来，随着电子商务的快速发展，各行各业在应用信息化的过程当中，逐渐领悟了很多内容，这些内容跟中国经济发展的本质密切相关，于是提出了很多理念。"互联网＋"也好，互联网思维也好，其实都体现了中国人对第三次工业革命的理解，对新一轮信息化浪潮的理解。

"互联网 +"要得到深入推进，仍然面临三个方面的问题。

一是技术的短板。刚才所说的四个新一代信息技术领域，我们目前只在移动通信技术这一块站在国际的前列。在第五代通信技术标准制定方面，我们有一定的主导权，但是在其他方面，比如说像物联网、云计算不占优势，大数据的平台建设研发应用，仍然借用了美国跨国公司一些技术的平台。

二是网络安全。目前来看，网络安全问题仍然是互联网发展的最大隐患。

三是制度建设。下一步的制度建设仍然是需要面对的问题，余额宝、微信二维码支付、滴滴打车，以及互联网电视所引发的各种利益冲突，都表明在应对"互联网 +"的发展方面，在制度建设方面还有许多工作需要做。

下面我简要地概括一下刚才讲的关于"互联网 +"的内容。如果要用一句话来概括"互联网 +"，什么是"互联网 +"？"互联网 +"就是轻装信息化。我定义过重装信息化，指传统技术条件下的信息化，刚才也谈到了不仅是服务器装配、数据中心建设以及单个系统开发，而且信息化建设需要投入海量的资金，只有国有企业以及大型的企业集团才能承受得了。像信息化刚提出的时候，1997 年召开了全国首届信息化工作大会，当时很多人对信息化的理解还很不统一。为了召开这次大会，中央专门组织了全会的专家，形成了对信息化的理解，我们认为信息化包括六要素。六要素包括：一是技术和产业；二是信息网络；三是信息资源；四是行业应用；五是信息化人才；六是法律法规和标准体系建设。当然现在还有一个网络安全问题。1997 年，安全问题还没有显现出来。那个时候信息化建设非常难，国家要投入海量资金，但是在新一代信息技术的作用下，信息化建设发生了重大变化，最大的变化就是信息化的建设投资方与信息化的应用方出现了分离，建设信息化系统的并不是信息化系统的应用方，出现了社会化的倾向，即向社会化发展的一种倾向。当前，信息化基础设施发生了根本的转变，比如微信，就是社交媒体信息化的一个平台。这个平台以前需要专门的一个企业去构建，或者牵涉一个政府部门的精力，比如要投入资金，建立数据中心，买服务器，还要有专人维护，开发相应的系统平台。这个过程很漫长，而且投入很大，所以我把它看作重装。现在这些都不用了，只要下载一个微信终端，需要投资的是两个方面，一是买一部智能手机；二是花一点时间（下载安装），因为现在时间很宝贵。

在当前的信息化条件下，出现了新的基础设施，我把这种"互联网+"的基础设施分为四个方面，叫"云""网""台""端"。腾讯、阿里研究院在 2015 年初发布了一个关于"互联网+"的发展报告，将"互联网+"基础设施看作三个方面，即"云""网""端"，我觉得还应该有平台。这个平台在当前的信息化建设中具有中流砥柱的作用，没有平台整个信息化就不会有效地发展起来。轻装化了之后，各行各业每一个人都能够运用信息化手段，并且企业营销、个人创业都应用，于是商业模式问题、营销策略问题就融入信息化的建设当中，就有了互联网思维的问题。在这个过程当中与O2O的结合，也与信息化建设密切相关，也是"互联网＋"深入各行各业的一个重要原因。

下面我谈一下关于"互联网＋"初步的思考。下一步怎么样促进"互联网＋"发展？

一是为"互联网＋"重构中国的网络信息化战略和管理体制。

二是合理界定"互联网＋"浪潮。

三是明确"互联网＋"轻和重的部分。

刚才我也谈到互联网信息建设是分轻和重的，前面说传统是重装信息化，现在是轻装信息化，就信息化建设本身来看，它也分轻和重两个方面。我们都说轻资产和重资产，其实跟这个有点类似，根据信息化建设的英文，仍然有轻和重的划分，从发展的角度来看需要把其分离开。

关于如何发展工业信息化，特别是如何开展第三次工业革命，现在有很多的争论，这一块我就不多说了。时间限制，如果大家感兴趣的话，可以跟我联系，不当的地方请大家批评指正。

五大发展理念引导我国智慧城市建设

丛晓男 *

一 引言

我国的城镇化建设取得了巨大成就，已经进入了以城市为主要经济空间载体的时代，同时我国的城镇化又面临新一轮的挑战。为此，2015 年底召开的中央城市工作会议对前一阶段的城市工作进行了总结，并对下一阶段做好城市工作的指导思想、总体思路、重点任务进行了明确。会议特别提出"城市发展需要依靠改革、科技、文化三轮驱动"，"着力打造智慧城市"，作为城市科技重要组成的智慧城市受到高度关注。2016 年 2 月发布的《中共中央、国务院关于进一步加强城市规划建设管理工作的若干意见》则对加强智慧城市建设提出了更为细致的

* 丛晓男，中国社会科学院城市发展与环境研究所副研究员。

指导意见。

由上可见，智慧城市建设已成为今后城市建设的重要内容。从各城市的实践情况看，随着城镇化的快速推进和城市规模的急剧扩张，不同等级的城市均不同程度地面临产业增长、人口聚集、空间蔓延、交通拥堵、资源短缺、环境恶化、管理低效等诸多压力，如何采用移动互联网、物联网、大数据等新兴技术实现城市人地关系协调、提升城市管理和服务能力，成为我国城市发展中亟待解决的问题。智慧城市理念一经提出，很快被城市管理者接受并视为解决"城市病"的主要潜在路径。截至 2015 年 8 月，我国开展的智慧城市相关试点项目达十大类，包括 672 个区域性试点，智慧城市规划与建设正在如火如荼地展开，在推动城市转型和产业升级、发展绿色交通、改善人居环境以及提升城市综合承载能力等方面发挥了重要作用。不少城市将智慧城市建设作为重要任务写入"十三五"规划当中，未来五年将是打造中国特色升级版智慧城市的关键时期。在此情况下，更需要理性认识我国智慧城市建设中存在的问题，并在"创新、协调、绿色、开放、共享"五大发展理念的指引下开展相关工作。

二 智慧城市建设的目标

"十三五"期间，我国智慧城市建设的整体目标是，"到

2020 年建成一批特色鲜明的智慧城市"。"一批"就是要在"十二五"期间各类智慧城市试点的基础上进一步整合，形成规模等级不一、专项与综合相结合的智慧城市建设体系。"特色鲜明"则是要求在遵循智慧城市技术体系标准化的前提下，本着"一城一策"的原则，针对不同类型的城市形成适合自身的智慧城市解决方案。智慧城市建设必须在标准化和个性化之间找到平衡。标准化的目的在于降低研发和建设成本、快速形成规模效益、有效实现信息交互、强化平台可拓展性，但由于不同城市在规模等级、资源特色、信息化基础等方面存在巨大的差异，还必须结合自身需求制订个性化解决方案。例如，对于特大城市和超大城市而言，智慧城市建设应重点解决"城市病"、城市安全以及非核心功能疏解、核心功能辐射等问题，要将其置身于城市群中进行综合考虑；生态资源较弱、环境容量较小的城市应特别重视通过信息化手段对生态环境数据进行监控与预警，而历史文化资源禀赋较好的城市则应特别关注文物保护，倾向于向市民和游客提供虚拟体验服务以减少对文物本身的伤害。因此，智慧城市建设必须兼顾标准化与个性化。

必须指出的是，不能将智慧城市简单地理解为一种技术体系，也不能将"建成"等同于"建设"。智慧城市起初只是一种技术体系，但随着人们理解的加深，智慧城市已经被赋予更多的内涵，成为城市建设的新理念、新模式和未来城市发展的高级形态。因此，智慧城市的"建成"应包含三方面的内容：一是软硬件平台综合集成的实现，包括城市信息化基础设施建设、智慧城市应用平台和基础数据库的构建；二是智慧城市运营体系的成熟，即强调智慧应用，推动软硬件平台全面发挥效能，有力提升城市规划、建设、管理和民生服务智慧化；三是智慧城市理念的普及，此时智慧城市理念全面深入人心，成为城市居民不可或缺的消费内容和现代化治理所倚重的手段，城市发展进入智慧城市高级形态。

三　智慧城市建设的问题

我国智慧城市建设已经取得一定成效，积累了丰富的实践经验，但在实施过程中，也存在不少问题。

第一，顶层设计缺失。信息技术的快速升级和变革，一方面为智慧城市的发展带来了新的技术手段，另一方面也增大了智慧城市建设的风险与更新成本。在这种形势下，需要对智慧城市的建设进行科学规划，对各方主体的需求特点、数据在不同系统间的共享机制、现有信息化资源的利用方式、未来系统升级的接口等予以识别和设计。否则极有可能造成既有信息化资源的浪费，严重时导致智慧城市平台无法适应新的需求，在新技术的冲击下很容易被淘汰。当前，我国各级政府对智慧城市顶层设计的重视程度显然不够，各类城市规划中很少涉及智慧城市相关内容，在已有的若干智慧城市规划当中，其架构设计多为物理架构或技术架构，而非应用层次的架构，一味重视智慧城市的技术架构，容易导致技术体系脱离居民、企业和政府的实际需求。

第二，智慧城市理论体系薄弱。智慧城市自提出至今已有八年时间，其本身仍然不是一个成熟的科学概念，并缺乏完整的理论与技术体系。当前的智慧城市理论研究更多地停留在文件解读、非体系化的技术应用等层次上，对智慧城市规划体系，以及智慧城市理念下的城市经济转型、城市治理等相关理论研究重视不足，这与智慧城市实践的广泛开展形成强烈反差。

第三，智慧城市概念流于"标签化"。在传统城市管理手段失灵的背景下，地方政府迫切需要找到"城市病"治理的突破口，智慧城市由于其先进的技术体系及其所描绘的城市发展愿景，一经提出迅速引起地方政府的高度关注，并被视为根治"城市病"的一剂良药。在这种态势下，智慧城市概念被迅速"标签化"，被简单理解为"数字城市""城市信息化"，盲目上马智慧城市项目，带来了信息化资源严重浪费、信息平台闲置空转的隐患。

第四，智慧城市商业模式尚不清晰。智慧城市建设资金需求量巨大，单纯依赖政府自建、自营的智慧城市建设模式远不能满足资金需求，引入市场机制、由企业和融资机构筹资已是必然趋势。PPP 模式为解决智慧城市建设融资难问题提供了基本思路，但也面临一定的困难，其根本原因在于智慧城市项目的盈利模式不清晰，缺少明确的收益时间、收益标准和商业模式，同时风险也较大。盈利模式的缺失严重打击智慧城市开发商和运营商的参与积极性，不利于构建多主体共同参与的智慧城市建设策略。

第五，各自为政、难于整合。近年来，中国许多城市纷纷上马智慧城市建设项目，但不同部门之间、不同地域之间的共享联动机制尚未建立；对于计算资源则多采用自建云计算中心或租用超出实际需求的云服务的方式，造成资源浪费；部分数据机构不顾数据采集和利用的公益性，对数据进行垄断和控制，难以实现共享使用。经验证明，以区域为基本单元来构建和推行智慧应用平台，尤其是可以商业化运作的智慧应用平台，不仅造成资源的巨大浪费，也难以产生规模效益。从城市群甚至全国尺度上，进行跨区域整合已势在必行。

第六，重建设、轻运营。智慧城市应用平台的闲置与"重建设、轻运营"的思维不无关系。在这一思维的左右下，城市管理者只顾智慧城市平台的开发和建设，企业则单纯赚取平台建设过程中的收益，很少关注平台的维护与运营，从而导致智慧城市平台成为一种"高技术"的象征工程。因此，智慧城市建设必须坚持智慧应用导向，对既有平台实行有效的运营和维护，在运营中实现持续稳定的城市治理红利。

四　五大发展理念引导下的智慧城市建设

中央城市工作会议强调要以"创新、协调、绿色、开放、共享"五大发展理念为指导推动我国特色城市发展。五大发展理念不仅是智慧城市建设所要推动实现的目标，也是新形势下智慧城市建设的基本指导思想。

（1）以创新作为智慧城市建设的核心动力。将创新思维始终贯穿于智慧城市理念深化、制度确立、理论研究和应用推广的全过程。

一是理念深化。要转变在单纯技术视角下对智慧城市的一般认知，避免将智慧城市狭隘地理解为一种技术体系。应深刻理解智慧城市作为城市发展高级形态的本质，目的在于推进城市生产、生活、生态创新。智慧城市建设应消除"标签化""泡沫化"，逐渐回归理性认识。

二是制度确立。打破不利于智慧城市建设的藩篱，通过对规划设计、融资方式、信息资源使用权限等一系列环节的改革创新，促进资源优化配置，营造良好的市场环境和法治环境。

三是理论研究。推动"计算城市科学"理论体系构建，夯实智慧城市理论基础；在基础条件较好的科研院所、大型企业内成立一批智慧城市高端实验室，强化云计算、物联网、大数据等核心技术研发力度，推动颠覆式技术创新。

四是应用推广。坚持以城市发展中的核心需求为导向，以应用创新带动智慧城市建设发展。既要切实解决城市治理、公共服务、信息安全等领域所面临的现实问题，又要引导信息消费升级，促进智慧城市应用体系创新。

（2）以协调作为智慧城市建设的内在要求。正确处理好市场与政府、产业与应用、标准与个性、建设与运营四大关系，确保智慧城市建设各部件间的有机协调。

一是协调好市场与政府之间的关系。用好政府"有形之手"，放活市场"无形之手"。既要积极发挥政府在重大项目中的引导作用，加强智慧城市建设统筹规划，防止无序发展和重复建设，又要充分发挥市场在资源配置中的决定性作用，探索可行的商业模式，增强企业参与智慧城市建设的积极性。

二是协调好智慧产业与智慧应用之间的关系。不能将智慧产业等同于智慧应用，应明确两者供需关系且在空间上可以相对分离。对于大多数城镇要以智慧应用和解决实际问题为导向，不能盲目发展智慧产业，在自然地理环境适宜、信息产业发展基础较好的城市可以适度发展智慧城市装备制造、软件集成、云服务中心等产业。

三是协调好标准化与个性化之间的关系。智慧城市建设必须在标准化和个性化之间找到平衡。既要加强标准化以降低研发和建设成本、有效实现信息交互、强化平台可拓展性，又要充分考虑不同城市在规模等级、资源特色、信息化需求等方面存在的巨大差异，在遵循技术标准化的前提下，本着"因地制宜、特色鲜明"的原则，按照"一城一策"的模式探索适合自身的智慧城市解决方案。

四是协调好建设与运营之间的关系。要确立运营与建设同等重要的理念。在规划设计阶段，必须明确平台建成后的运营主体、运营模式、运营投入，并对运营可行性进行全面论证；在项目建成移交阶段，要衔接好工程实施单位、运营单位之间的转接关系；在平台验收与考核中，要适度延长考核期限至运营阶段，将运营效果作为平台验收和考核的必要依据。

（3）以绿色作为智慧城市建设的重要内涵。树立"智慧城市"必须是"绿色城市"的理念，通过新一代信息技术推进智慧城市与绿色城市协同、融合发展，着力打造"绿色智慧城市"。

一是推进"多规合一"。通过构建面向"多规合一"的规划决策支撑平台，综合集成城市大数据，模拟土地、产业、人口、资源等各类要素的耦合机制，定量评价城市资源承载力与环境容量，为城市可持续发展提供决策依据。

二是推行新技术改造项目。将物联网、传感器、3S 等新型技术应用于城市管理与服务的系统性绿色改造之中。以污染监测、节能改造、废弃物管理为突破口，对水环境、大气环境、管线网络、楼宇用能等进行动态监管，提高城市基础设施运行效率，提升生态环境的智慧化管理与服务水平。

三是加快城市经济转型升级。推动信息技术、绿色技术与产业转型升级的有机结合，带动城市经济在新能源、新材料、自动化控制技术、节能减排技术等领域的革新与发展。鼓励企业以智慧技术推进生产转型与制造升级，降低生产能耗与污染物排放，推动循环经济发展。政府要动态更新绿色采购清单，加大利用智慧技术提升能源利用效率、环境友好型产品的比重，引导绿色生产和绿色消费。

（4）以开放作为智慧城市建设的固有属性。要打破智慧城市建设中各种人为制造的约束与障碍，在智慧平台、数据资源、资本市场三个层面加大开放力度。

一是要做好城市智慧平台的开放。对不同城市间智慧平台的对接要做长远谋划，避免由于技术标准、功能差异造成区域分割和平台重复建设问题。为此，要加快开展"智慧城市群"试点工作，在城市群层面探索智慧平台的统一建设和无缝对接，利用智慧城市建设促进区域融合、协同发展。

二是做好数据资源的开放。要将数据的开放与高效流通建立在权限开放的基础之上，分两阶段推进数据使用权限的开放。第一阶段，要在 2017 年底前彻底打破政府各部门间的信息壁垒，率先在政府内部实现互联互通、资源共享和业务协同；第二阶段，要在 2018 年底前实现政府数据面向社会的一站式开放服务，向科研机构、企业完全放开放府部门非保密存量数据的使用权限，提升数据的综合分析质量与使用效率。

三是做好智慧城市建设资本市场的开放。构建包括天使投资、风险投资、股权投资在内的多元投资方式，鼓励国内社会资本进入智慧城市建设和运营领域。要探索实效好、收益高的建设和运营模式，在能够产生稳定收益的智慧城市项目中，推动企业与消费者的直接对接，适度缩小政府购买服务的规模。

（5）以共享作为智慧城市建设的根本宗旨。以满足人民需求作为智慧城市建设的终极目标，确保智慧城市建设成果为广大人民所用。

一是推动形成多元参与、互利共享的智慧城市建设模式。构建包括政府、企业、居民、社会组织在内的、分工明确的智慧城市建设参与机制，激发各主体参与智慧城市建设的积极性。

二是遵循"以人为本、民生优先"的智慧城市建设导向。始终紧扣人民群众的迫切需求，强化基于智慧城市的基本公共服务和公共管理，大力发展智慧民生服务。

引领智慧城市话语权，打造未来城市新形态

——"2015 智慧城市论坛"会议综述

丛晓男　刘治彦 *

2015 年 12 月 12 日，由中国社会科学院城市发展与环境研究所、江西省社会科学院主办，南昌市青云谱区委区政府、中国社会科学院城市信息集成与动态模拟实验室、江西省社会科学院城市经济研究所承办的"2015 智慧城市论坛"在南昌市青云谱区隆重召开。主办单位城市发展与环境研究所党委书记李春华研究员、党委委员刘治彦研究员，江西省社会科学院党组书记姜玮、院长梁勇、副院长龚建文等出席论坛。特邀出席会议的专家还有：中国社会科学院数量经济与技术经济研究所所长李平、中国

* 丛晓男，中国社会科学院城市发展与环境研究所副研究员；刘治彦，1967
生，黑龙江省哈尔滨人，中国社会科学院城市发展与环境研究所党委委员，
城市信息集成与动态模拟实验室主任，研究员，博士生导师，中国社会科学
院研究生院教授。

社会科学院数量经济与技术经济研究所副所长李雪松、住建部中国城市规划设计研究院副院长李迅、湖北省社会科学院副院长秦尊文、中国银行国际金融研究所副所长宗良、国务院发展研究中心研究员李广乾、中国浦东干部学院教授楚天骄、中国国际招商引智网总裁王智邦等。此外，来自政府、企业和科研院所的业界人士，以及人民日报社、人民网、新华网、新民网、江西日报社等多家媒体的记者等 200 余人出席了会议，各大媒体对会议盛况进行了详细报道。

近年来我国高度重视智慧城市建设。2012 年 12 月 5 日，住建部发布了《关于开展国家智慧城市试点工作的通知》，并印发了《国家智慧城市试点暂行管理办法》和《国家智慧城市（区、镇）试点指标体系（试行）》。2014 年，经国务院批准，国家发改委发布了《关于促进智慧城市健康发展的指导意见》（发改高技〔2014〕1770 号）（以下简称《意见》）。《意见》从指导思想、基本原则和主要目标、顶层设计、信息资源开发共享、新技术新业态、网络信息安全管理和能力建设、完善组织管理和制度建设等方面，系统地阐述了智慧城市建设面临的主要问题，对智慧城市建设的方向、内容和制度设计均具有重要指导意义。截至 2015 年 8 月，我国开展的智慧城市相关试点项目达十大类 672 个区域性试点（省、市、区、县、镇），部分城市同时入选多个试点范围。智慧城市规划与建设正在如火如荼地开展，在推动城市转型和产业升级、发展绿色交通、改善人居环境以及提升城市综合承载能力等方面发挥了重要作用。然而，在智慧城市建设的浪潮下，对于其建设模式、运行主体、技术体系等重要问题亟待明晰。为此，中国社会科学院城市发展与环境研究所于 2013 年发起成立了首届"智慧城市论坛"平台，聚合专家智慧，力求破解上述问题。论坛至今已经连续举办三届，并连续出版论坛文集，成为当前国内影响力非常大的智慧城市论坛，在智慧城市与互联网、智慧城市与大数据、智慧城市与创新创业等方面提出了众多创新思想和政策建议，为中国学术界与实业界深化智慧城市理论研究与建设管理提供了重要的交流平台。本届论坛受到政府部门、学术界、企业精英的共同关注，围绕"打造未来城市新形态"主题，与会者从不同视角做了深入分析，就智慧城市的发展前景、核心动力、应用领域、实践经验等展开了深入交流。

一 智慧城市研究的综合集成思维

与会专家认为，智慧城市是未来城市发展的新形态，智慧城市建设是城市转型的驱动力。在过去 30 多年中，中国的城市建设取得了飞速发展，截至 2015 年 6 月底，中国共有建制市 654 个，其中直辖市 4 个、地级市 291 个、县级市 359 个。与快速发展相对应的是，中国城市的传统发展模式亟待转型、空间利用效率亟待提升、资源压力亟待释重、人居环境亟待改善、交通拥堵亟待缓解。城市发展与环境研究所李春华书记指出，推动经济社会协调发展，走资源节约型和环境友好型发展道路，推动城市转型发展，已经成为广泛共识，智慧城市是继数字城市和智能城市后城市发展的高级形态，是信息化、工业化和城镇化深度融合的产物，加快城市规划、建设、管理和服务的智慧化，是城市发展转型的重要推动力量。面对城市复杂巨系统，中国社会科学院院长王伟光曾指出，"把系统思维方式和现代科技综合集成实验室手段应用到经济社会发展研究中，应用到社会科学研究领域，科学地认识和把握、更好地防范与解决我国经济社会发展中面临和可能发生的全局性、长远性、突发性的重大问题，是必要、重要且可行的"，"人类对社会问题的认识，已经开始进入以综合集成系统思维为主要认识方式、以计算机网络等现代化科学技术为主要手段和方法的实验室阶段，是人类对社会问题的认识方式和认识工具的一场革命"，为此，中国社会科学院专门成立了"城市信息集成与动态模拟实验室"，重点加强对城市综合信息的集成和模拟研究，以期为我国智慧城市建设贡献力量。当前，加强智慧城市的理论研究，着力破解智慧城市建设的现实难题，成为广大城市科学研究者面临的一项重大课题。

二 智慧城市建设的推动模式构建

与会专家认为完善智慧城市建设推动模式能够为打造城市新形态提供制度与管理保障，对我国智慧城市发展具有重要意义。中国浦东干部学院城市现代化研究中心主任楚天骄教授对智慧城市建设的机制进行了剖析，她提出智慧城市建设的一个基本点就是打破部门之间的信息化壁垒，实现互联互通、资源共享和业务协同，在顶层设计中必须做好管理体制的设计，在组织层面上横向打通，无论是建设统一的物理平台，还是在部门之间建立信息联通共享机制，关键是形成协同的工作理念。同时她认为，智慧城市建设必须注重体现人文精神，加强城市治理体系建设，提高城市治理能力。智慧城市建设就是要推动政府行政体制改革，通过制度建设形成政府、企业、居民、社会组织多元参与、有效协同的治理体系，从而进一步提高城市治理能力。国务院发展研究中心李广乾研究员从信息化背景下的智慧城市建构出发，创新性地提出了"互联网＋"轻装信息化的本质，而区分"互联网＋"的"轻"与"重"有助于清晰认识信息化建设的不同方面及其各自重点发展方向与政策着力点。"互联网＋"中"重"的部分其实具有特殊的意义，是国家竞争力的基础条件，特别是核心技术、网络基础设施建设等；将"互联网＋"中"轻"的部分，界定为经济社会化应用，特别是与当前的"大众创业、万众创新"相关联。

三　智慧城市的应用领域创新

智慧城市应用体系日渐丰富，贯穿于城市管理、城市营销和城市服务的各个领域，在专题演讲中，来自不同领域的领导、专家全方位、多角度地阐述了智慧城市应用领域创新。在互联网金融方面，中国银行国际金融研究所副所长宗良研究员分析了智慧城市建设的特征，他指出随着互联网的快速发展，互联网金融将成为金融消费领域的主要形式，也是智慧城市的重要组成部分。他特别剖析了中国互联网金融和大型电商快速发展的根本原因，通过对比中美两国在电商方面发展的巨大差异，指出人力成本的相对低廉、大城市的规模经济效应以及互联网技术的快速应用是我国第三方支付占主导地位的重要原因，随着新型城镇化的不断推进，未来仍然存在巨大的发展和升级空间。在智慧招商方面，中国国际招商引智网总裁王智邦重点阐述了互联网快速发展背景下的城市招商问题，互联网时代的到来，对城市招商工作提出新的挑战和要求，智慧招商已成为智慧城市的重要组成部分。"互联网＋"要求创新招商引资思维，改变之前拼资源、拼区位、拼政策的传统方法，建设大数据招商引智云空间，建立共享空间，完善招商引资信息体系，开展"线上＋线下"的复合招商引资模式，更好地服务于投资者，精准、高效开发潜在客户。在城市大数据构建与应用方面，与会专家认为利用大数据的综合分析技术开展城市体征诊断研究，有助于推动城市大数据研究与城市管理的对接，打破经济社会发展规划、城市规划、土地规划、人口规划等部门的藩篱，为多规融合提供更完善的数据基础。中国社会科学院城市发展与环境研究所党委委员刘治彦研究员从"城市大数据构建与应用"角度系统介绍了其最新研究成果，其认为运用3S技术可以形成城市大数据，用统计面板数据可以形成城市小数据，两者结合可以构建三维动态的城市集成数据库，运用城市数据管理平台可以实现对变量信息的萃取与存储，为城市系统模拟提供数据与平台支撑，对于有效配置城市资源、优化城市结构、监测城市动态、提高城市研究与管理决策水平均具有重大意义。

四　五大发展理念下的智慧城市建设

与会专家一致认为，智慧城市建设面临空前发展机遇，这一机遇贯穿于从理论突破到实践建设，从基础设施建设到数据共享和综合利用，从智慧产业到智慧应用的全过程，必将对中国新型城镇化产生重大影响。2015年是全面完成"十二五"规划的收官之年，也是"十三五"规划的构想之年。随着智慧城市理念的进一步普及，地方政府愈加重视智慧城市建设，并将其作为"十三五"期间的重要任务。与会专家指出，在这种形势下，中国的智慧城市建设必须秉持党的十八届五中全会提出的"创新、协调、绿色、开放、共享"五大发展理念，对当前存在的若干问题和不足加以重视和克服。

第一，智慧城市建设要以人为本。智慧城市建设必须回到"以人为本"的基本原则，要满足现代城市对绿色、低碳、可持续发展的基本要求。智慧城市代表了未来城市发展的一种高级形态，其本质是创造更加美好的生活环境和健康的生活方式，是新型城镇化"以人为本"的重要体现。"以人为本"地推进智慧城市建设，一是要以满足人民需求为基本导向，体现"人文关怀"；二是充分发挥个人创造性和智慧在智慧城市建设中的重要作用，正如中国社会科学院院长王伟光所言，要将"个人创造性与集体创造性、个人智慧与集体智慧相结合，以集体创造性、集体智能为主"。智慧城市绝不仅仅是一种技术体系，当前，不少城市认为智慧城市建设等同于信息技术应用，将其视为"数字城市"的翻版或简单升级，在实践过程中只是将现代技术简单堆砌，背离了智慧城市建设的基本原则，造成了机械化、碎片化、局部化，影响了智慧城市建设和应用的效果。

第二，智慧城市规划必须系统全面。不可否认的是，通过智慧城市试点、智慧应用试点等"以点带面"的方式能够突出重点，加快智慧城市建设，但是，智慧城市建设是一项复杂的系统性工作，信息技术的快速升级和变革，一方面为智慧城市的发展带来了新的技术手段，另一方面也增大了智慧城市建设的风险与更新成本。在这种形势下，需要对智慧城市建设进行系统、全面的科学规划，对各方主体的需求特点、数据在不同系统间的共享机制、现有信息化资源的利用方式、未来系统升级的接口等予以识别和设计。如若不然，极有可能造成既有信息化资源的浪费，严重时导致智慧城市平台无法适应新的需求，在新技术的冲击下很容易被淘汰。当前，中国各级政府对智慧城市顶层设计的重视程度显然不够，各类城市规划中很少涉及智慧城市相关内容，遑论独立的智慧城市发展规划。因此，必须坚持顶层规划，规划先行。要根据技术变革方向和实际需求准确把握未来 5～10 年的智慧城市发展的前沿方向，制定高标准的智慧城市建设规划，全面统筹建设各领域的智慧项目，按计划、有重点、分层次地协调推进，避免局部静态式、零敲碎打式、盲目重复式等缺乏全面统筹的建设方式。

第三，智慧城市建设必须协同创新。智慧城市建设不是单一部门或企业能够完全独立实现的，必须发挥不同主体的优势，坚持构建多元主体协同创新的智慧城市建设推动模式。要坚持"政府规划、公众参与、企业落实、需求导向、市场运作"的智慧城市建设分工原则，充分发挥市场在资源配置中的决定性作用，探索实效好、收益高的建设和运营模式，形成包括政府、协会、研发机构、企业、用户等多元主体共同参与的智慧城市建设推动模式，尤其要凸显科研院所作为智库的支撑作用，推动成立智慧城市专家咨询委员会，以此加强与其他城市、企业、市民的有效沟通，及时发掘市民信息化需求和相关企业服务能力，与国内智慧城市、大数据相关行业协会建立协作关系。探索和试行政府首席信息官制度，确保智慧城市行动计划全面落实。

第四，智慧城市建设必须开放共享。智慧城市建设的一个重要目的在于提高资源使用效率、盘活城市存量数据，这也是互联网开放共享精神的重要体现。近年来，中国许多城市纷纷上马智慧城市建设项目，其中整合不足、共享不足、重复建设的问题较为严峻。经验证明，以城市为单元建设封闭的智慧应用平台，难以产生规模效益，智慧城市建设必须进行跨区域整合。开放共享主要体现在三方面，一是信息化基础设施的开放与共享，科学评价智慧城市建设所需要的硬件基础，鼓励城市通过购买云计算服务的形式构建智慧城市平台，减少不必要的硬件投入，鼓励以城市群为基本区域单元建设大数据中心，提高数据中心的运行与服务效率；二是数据资源的开放共享，盘活存量数据资源，鼓励政府公开非涉密数据，提供给广大企业和市民使用，加快城市大数据交易平台建设，促进数据商品的流通，降低数据获取成本；三是强化基于智慧城市的公共服务和公共管理，确保智慧城市建设成果为广大人民所用。

中国社会科学院城市信息集成与
动态模拟实验室简介

一　建设背景

《国家中长期科学和技术发展规划战略研究（2006—2020）》中，专门设立"城市发展与城镇化科技问题研究"专题，提出了未来15年城市发展与城镇化科技发展目标：建立城镇化预测监控信息系统，为人口集聚、经济社会发展与城镇化进程协调发展提供技术保障；研究城镇发展的资源合理利用、环境污染治理、改善交通状况、居住环境和防灾减灾的关键技术，建设可持续发展的现代化城镇；促进城镇建设相关产业走新型工业化发展道路，为城镇建设提供产业支撑，最大限度地吸纳农村富余劳动力。国家"十二五"规划和党的十八大又提出了哲学社会科学创新体系建设的新任务，明确指出要建立若干社会科学国家重点实验室，并指出大力推进国家电子政务建设，完善地理、人口、法人、金融、税收、统计等基础信息资源体系，强化信息资源的整合，规范采集和发布，加强社会化综合开发利用。党的十八届五中全会又提出"实施国家大数据战略""在重大创新领域组建一批国家实验室"的发展目标，这为城市大数据分析与城市动态模拟提出了新的要求，也为中国社会科学院城市信息集成与动态模拟实验室（简称城市实验室）的发展与我国智慧城市建设提供了广阔的发展空间。

城市模拟研究是典型的交叉学科，需要城市经济学、数据挖掘、软件工程、地理信息系统等不同领域的研究者共同协作。高水平的科研人才是城市实验室发展的基石，尤其在涉及智慧城市建设的具体项目中，往往需要依靠政府、科研机构、行业协会和企业的多主体通力合作。在这一过程中，城市实验室需要对城市信息的系统采集、平台搭建、数据挖掘、模型构建等方面进行深入研发，同时也需要与社会各界一起将研究成果应用于智慧城市建设之中。

二　发展历程

早在2004年，以刘治彦研究员为首席专家的研究团队，承担了中国社会科学院重点项目"城市经济数据库构建与应用"，开展了城市发展模拟研究。研究成果先后在第20届国际科学数据大会（CODATA）、2006 年两岸三院（中国科学院、中国社会科学院、台湾中研院）科学数据大会上发布。在此基础上于 2010 年成立了中国社会科学院城市信息集成与动态模拟实验室。2011 年被列为中国社会科学院首批 18 个重点资助的实验室，并招收了首批博士后入站开展科研工作。2013 年 10 月，城市实验室专家委员会正式成立，时任中国社会科学院李扬副院长亲任专家委员会主任，一大批顶尖的城市经济学者、统计学者、政策模拟学者、信息技术学者受聘为委员，极大地提升了城市实验室的知名度，更为实验室的发展提供了雄厚的学术支持和广阔的渠道资源，推动实验室向更高水平迈进。

多年来，城市实验室先后完成"城市数据库框架建设"（中国社科院）、"北京城市增长模拟"（国家发改委）、"中国新型城镇化战略规划"（亚行、国家发改委）、"国家'十三五'空间格局优化与对策"（国家发改委）等重大课题，2013 年和 2014 年连续两年举办"智慧城市建设高层论坛"，出版了两部论坛文集，发表了数十篇论文与要报，为国家新型城镇化规划、京津冀协同发展规划、国家发展空间格局优化等提供了有力支撑。研究成果先后获得国家发改委优秀科研成果二等奖（2013）以及张高丽副总理的批示（2014）。

三 发展目标

城市实验室拟充分利用新一代信息技术对城市复杂系统的信息进行采集、整理、分析，运用数据库、地理信息系统、移动互联网和大数据分析等新兴技术，对城市经济、社会与空间信息进行有机整合，将统计数据与空间数据结合起来，对城市系统运行进行定量模拟与监测，为智慧城市建设提供技术支撑。

力争5~8年初步形成有影响力的城市模拟实验室，8~10年建成我国城市监测与模拟领域的顶尖实验室。

四 对外合作

当前国外建立的城市模拟实验室主要有美国华盛顿大学城市模拟实验室、英国牛津大学城市实验室、澳大利亚悉尼大学城市实验室等。国内方面，中国科学院与北京大学也建立了相关实验室。

中国社会科学院城市信息集成与动态模拟实验室积极参加国内外高层次学术研讨会。与美国、澳大利亚等国家相关机构和国内代表型城市开展了广泛合作，积极探索建立联合开放实验室。充分利用实验室平台吸引著名专家、学者来实验室讲学和进行合作研究。同时，探索体制机制创新，建立联合实验室，搭建实验室应用平台，建立产学研政相结合的智慧城市建设研究基地。

五 顾问专家委员会

顾问专家委员会是城市模拟实验室的最高学术指导机构，于2013年10月正式成立，现任专家委员会主任为中国社会科学院原副院长李扬，副主任为中国社会科学院城环所所长潘家华，秘书长由中国社会科学院城环所刘治彦研究员担任。此外，学术委员会还吸纳了众多国内著名学者，其研究领域涉及城市经济、城市规划、统计学、交通物流、国土资源、地理信息系统、大数据分析、政策模拟等众多领域。

表1　中国社会科学院城市信息集成与动态模拟实验室专家委员会名单

委　员	单　　位	职　　务
李　扬	中国社会科学院	原副院长、学部委员
李京文	中国工程院、中国社会科学院	院士、学部委员
潘家华	中国社会科学院城市发展与环境研究所	所长
李春华	中国社会科学院城市发展与环境研究所	党委书记
魏后凯	中国社会科学院农村发展研究所	所长
刘治彦	中国社会科学院城市发展与环境研究所	党委委员/实验室主任
李善同	国务院发展研究中心发展战略部	原部长、研究员
陈宣庆	国家发改委国家地理空间信息办公室	司长、研究员

续表

委　员	单　　位	职　　务
汪子章	国家开发银行	行务委员、专家委常务副主任
陈　维	移动通信研究院首席科学家	首席科学家
黄朗辉	国家统计局城调队	原队长、高级统计师
戴定一	中国物流技术协会	董事长、研究员
何　涛	中国社科院调查与数据中心	主任
李　迅	住建部中国城市规划设计研究院	副院长、教授级规划师
李晓波	国土部信息中心	副主任、教授
魏紫川	新华社新华网	副总裁
陈阳波	人民日报社人民论坛	副主编
王　铮	中国科学院科技政策与管理科学研究所	研究员
梁　军	中国科学院北京超图股份公司	副总裁
李国庆	中国科学院遥感与数字地球所	主任、研究员
党安荣	清华大学城市规划研究所	教授
裴相斌	环境保护部污控司	高级工程师
李广乾	国务院发展研究中心	高级工程师
杨小唤	中科院资源环境信息系统国家重点实验室	研究员

后　记

为推进智慧城市建设，中国社会科学院城市信息集成与模拟实验室自 2013 年开始举办年度"智慧城市论坛"。前两届都是在北京举办，第三届年度论坛，于 2015 年 12 月 12 日在江西省会南昌市召开。本次论坛由中国社会科学院城市发展与环境研究所、江西省社会科学院主办，中国社会科学院城市信息集成与动态模拟实验室、江西省社会科学院城市经济研究所、南昌市青云谱区委区政府承办。来自中国社会科学院、国务院发展研究中心、住建部、中国银行、中国浦东干部学院、江西省社会科学院、湖北省社会科学院等研究机构的专家学者，以及人民日报社、人民网、新华网、新民网、江西日报社等多家媒体的记者200 余人出席了会议，各大媒体对本次论坛进行了详细报道，形成了较大的社会影响。

按照前两届惯例，现将与会专家演讲的精彩观点结集出版，供智慧城市研究与建设人士参考。在文集付梓之际，要特别感谢江西省社会科学院党组书记姜玮研究员、院长梁勇研究员和副院长龚建文研究员，以及南昌市青云谱区委书记胡晓海同志、区长孙毅同志，他们为论坛举办积极创造条件，做出了无私的奉献。在此，谨向他们致以崇高敬礼！与会各位专家，包括中国社会科学院数量经济与技术经济研究所所长李平研究员、副所长李雪松研究员，中国城市规划设计研究院副院长李迅教授，湖北省社会科学院副院长秦尊文研究员，中国银行首席研究员宗良，国务院发展研究中心李广乾研究员，中国浦东干部学院楚天骄教授，中国国际招商引智网总裁王智邦先生等，他们不远千里、不辞辛苦，从全国各地来到英雄城市参加此次盛会，贡献了卓越的智慧，谨向他们表示诚挚谢意！最后，向所有为本次论坛和文集出版默默地付出辛劳和做出贡献的人们表示衷心感谢，你们是智慧时代最可爱的人！

图书在版编目（CIP）数据

智慧城市论坛. No.3 / 李春华，刘治彦主编 . 一北
京：社会科学文献出版社，2018.1
ISBN 978 - 7 - 5201 - 1718 - 0

Ⅰ.①智… Ⅱ.①李… ②刘… Ⅲ.①现代化城市 -
城市建设 - 研究 Ⅳ.①C912.81

中国版本图书馆 CIP 数据核字（2017）第 267674 号

智慧城市论坛 No.3

主 编 / 李春华 刘治彦
副 主 编 / 丛晓男

出 版 人 / 谢寿光
项目统筹 / 周 丽 高 雁
责任编辑 / 高 雁 梁 雁

出 版 / 社会科学文献出版社·经济与管理分社 (010)59367226
地址：北京市北三环中路甲 29 号院华龙大厦 邮编：100029
网址：www.ssap.com.cn
发 行 / 市场营销中心（010）59367081 59367018
印 装 / 三河市尚艺印装有限公司

规 格 / 开 本：787mm × 1092mm 1/16
印 张：14.5 字 数：142 千字
版 次 / 2018 年 1 月第 1 版 2018 年 1 月第 1 次印刷
书 号 / ISBN 978 - 7 - 5201 - 1718 - 0
定 价 / 79.00 元